中国传统民俗文化——文化系列

中国古代城市

王俊 编著

中国商业出版社

图书在版编目（CIP）数据

中国古代城市／王俊编著. -- 北京：中国商业出版社，2014.12
ISBN 978 - 7 - 5044 - 8615 - 8

Ⅰ. ①中… Ⅱ. ①王… Ⅲ. ①城市史 - 中国 - 古代 Ⅳ. ①K928.5

中国版本图书馆 CIP 数据核字（2014）第 299148 号

责任编辑：许延平

中国商业出版社出版发行
010 - 63180647 www.c-cbook.com
（100053 北京广安门内报国寺 1 号）
新华书店总店北京发行所经销
北京飞达印刷有限责任公司
*
710×1000 毫米　16 开　12.5 印张　200 千字
2015 年 1 月第 1 版　2015 年 1 月第 1 次印刷
定价：25.00 元
＊＊＊＊
（如有印装质量问题可更换）

《中国传统民俗文化》编委

主　编	傅璇琮	著名学者，原国务院古籍整理出版规划小组秘书长，清华大学古典文献研究中心主任教授，原中华书局总编辑
顾　问	蔡尚思	著名历史学家，中国思想史研究专家
	卢燕新	南开大学文学院副教授
	王永波	四川省社会科学院文学研究所副研究员
	叶　舟	中国思维科学研究院院长，清华大学、北京大学特聘教授
	于春芳	北京第二外国语学院教授
	杨玲玲	西班牙文化大学文化与教育学博士
编　委	陈鑫海	首都师范大学中文系博士
	李　敏	北京语言大学古汉语古代文学博士
	赵　芳	出版社高级编辑，曾编辑出版过多部文化类图书
	韩　霞	山东教育基金会理事，作家
	陈　娇	山东大学哲学系讲师
	吴军辉	河北大学历史系讲师
	石雨祺	出版社高级编辑，曾编辑出版过多部历史类图书
	王　欣	全国特级教师
策划及副主编	王　俊	

序　言

　　中国是举世闻名的文明古国,在漫长的历史发展过程中,勤劳智慧的中国人,创造了丰富多彩、绚丽多姿的文化,可以说人创造了文化,文化创造了人,这些经过锤炼和沉淀的古代传统文化,凝聚着华夏各族人民的性格、精神、智慧,是中华民族相互认同的标志和纽带。在人类文化的百花园中摇曳生姿,展现着自己独特的风采,对人类文化的多样性发展做出了巨大贡献。中国传统民俗文化内容广博,风格独特,深深地吸引着世界人民的眼光。

　　正因如此,我们必须深入学习贯彻十八届三中全会精神,按照中央的规定,加强文化建设。2006年5月,时任浙江省委书记的习近平同志就已提出:"文化通过传承为社会进步发挥基础作用,文化会促进或制约经济乃至整个社会的发展。"又说:"文化的力量最终可以转化为物质的力量,文化的软实力最终可以转化为经济的硬实力"(《浙江文化研究工程成果文库总序》)。今年他去山东考察时,又再次强调:中华民族伟大复兴,需要以中华文化发展繁荣为条件。

　　学习习近平同志的重要讲话,确可体会到,在政治、经济、军事、社会和自然要素之中,文化是协调各个要素协同发展、相关耦合的关健。正因为此,我们应该对华夏民族文化进行广阔、全面的检视。我们应该唤醒我们民族的集体记忆,复兴我们民族的伟大精神,发展和繁荣中华民族的优秀文化,为我们民族在强国之路上阔步前行创设先决条件。

实现民族文化的复兴,更必须传承中华文化的优秀传统。现代中国人,特别是年轻人,对传统文化十分感兴趣,蕴含感情。但当下也有人对具体典籍、历史事实不甚了解,比如说,中国是书法大国,谈起书法,有些人或许只知道些书法大家如王羲之、柳公权等等的名字,知道《兰亭集序》是千古书法珍品,仅此而已。再比如说,我们都知道中国是闻名于世的瓷器大国,中国的瓷器令西方人叹为观止,中国也因此而获得了"瓷器之国"(英语 china 的另一义即为瓷器)的美誉。然而关于瓷器的由来、形制的演变、纹饰的演化、烧制等等瓷器文化的内涵,就知之甚少了。中国还是武术大国,然而国人的武术知识,或许更多地来源于一部部精彩的武侠影视作品,对于真正的武术文化,我们也难以窥其堂奥了。我们还是崇尚玉文化的国度,我们的祖先,发现了这种"温润而有光泽的美石",并赋予了这种冰冷的自然物以鲜活的生命力和文化性格,例如"君子当温润如玉"、女子应"冰清玉洁"、"守身如玉";"玉有五德",即"仁"、"义"、"智"、"勇"、"洁",等等。今天,熟悉这些玉文化的内涵的国人,也为数不多了。

也许正有鉴于此,有忧于此,近年来,已有不少有志之士,开始了复兴中国传统文化的努力,读经热开始风靡海峡两岸,不少孩童乃至成人,开始重拾经典,在故纸旧书中品味古人的智慧,发现古文化历久弥新的魅力。电视讲坛里一波又一波对古文化的讲述,也吸引着数以万计的人们,重新审视古文化的价值。现在放在读者眼前的这套"中国传统民俗文化丛书",也是这一努力的又一体现。我们现在确应注重研究成果的学术价值和应用价值,充分发挥其认识世界、传承文化、创新理论、咨政育人的重要作用。

中国的传统文化内容博大,体系庞杂,该如何下手,如何呈现?这套丛书处理得可谓系统性强,别具心思。编者分别按物质文化、制度文化、精神文化等方面来分门别类地进行组织编写,例如在物质文化的层面,就有中国古代纺织、中国古代酒具、中国古代农具、中国古代青铜器、中国古代钱币、中国古代石刻、中国古代木雕、中国古代建筑、中国古代砖瓦、中国古代玉器、中国古代陶器、中国古代漆器、中国古代桥梁等等。

在精神文化的层面,就有中国古代书法、中国古代绘画、中国古代音乐、中国古代艺术、中国古代篆刻、中国古代家训、中国古代戏曲、中国古代版画等等;在制度文化的层面,就有中国古代科举、中国古代官制、中国古代教育、中国古代军队、中国古代法律等等。

此外,在历史的发展长河中,中国各行各业还涌现出一大批杰出的人物,至今闪耀着夺目的光辉,启迪后人,示范来者,对此,这套丛书也给予了应有的重视,中国古代名将、中国古代名相、中国古代名帝、中国古代文人、中国古代高僧等等,就是这方面的体现。

生活在21世纪的我们,或许对古人的生活颇感好奇,他们的吃穿住用如何?他们如何过节?如何安排婚丧嫁娶?如何交通?孩子如何玩耍?等等。这些饶有兴趣的内容,这套中国传统民俗文化丛书,都有所涉猎,例如中国古代婚姻、中国古代丧葬、中国古代节日、中国古代风俗、中国古代礼仪、中国古代饮食、中国古代交通、中国古代家具、中国古代玩具、中国古代鞋帽等等,这些书籍介绍的,都是人们深感兴趣,平时却无从知晓的内容。

在经济生活的层面,这套丛书安排了中国古代农业、中国古代纺织、中国古代经济、中国古代贸易、中国古代水利、中国古代车马、中国古代赋税等等内容,足以勾勒出古人经济生活的主要内容,让今人得以窥见自己祖先曾经的经济生活情状。

在物质遗存方面,这套丛书则选择了中国古镇、中国古楼、中国古寺、中国古陵墓、中国古塔、中国古战场、中国古村落、中国古街、中国古代宫殿、中国古代城墙、中国古关等内容。相信读罢这些书,喜欢中国古代物质遗存的读者,已经能大致掌握这一领域的大多数知识了。

除了上述内容外,其实还有很多难以归类却饶有兴趣的内容,例如中国古代的乞丐这样的社会史内容,也许有助于我们深入了解这些古代社会底层民众的真实生活情状,走出武侠小说家们加诸他们身上的虚幻不实的丐帮色彩,还原他们的本来面目,加深我们对历史真实的了解。继承和发扬中华民族几千年创造的的优秀文化和民族精神是我们责无旁贷的历史责任。

不难看出，单就内容所涵盖的范围广度来说，有物质遗产，有非物质遗产，还有国粹。这套丛书无疑当得起"中国传统文化的百科全书"的美誉了。这套书还邀约了大批相关的专家、教授参与并指导了稿件的编写工作。应当指出的是，这套书在写作中，既钩稽、爬梳大量古代文化文献典籍，又参照近人与今人的研究成果，将宏观把握与微观考察相结合。在论述、阐释中，既注意重点突出，又着重于论证层次清晰，从多角度、多层面对文化现象与发展加以考察。这套丛书的出版，有助于我们走进古人的世界，了解他们的美好生活，去回望我们来时的路。学史使人明智。历史的回眸，有助于我们汲取古人的智慧，借历史的明灯，照亮未来的路，为我们中华民族的伟大崛起添砖加瓦。

是为序。

傅璇琮

2014年2月8日

前 言

中国古代的城市建设，在世界古代城市建设史中占有举足轻重的地位，特别是由于中国古代城市建设的优秀传统绵延不绝，曾出现了像隋唐长安、北宋东京等人口超过百万的大城市，其规划和建设均是当时世界上最高水平，为世界古代文明增添了灿烂的一页。由于中国一些古城的布局延续至今，仍有其适应性，如在元大都发展为明清的北京城虽几经改建，仍然保持着核心部分的布局特点。苏州城的历史可上溯至2500年前，这些都不仅为中国也为世界提供了古代文明的例证。

中国古代的城市建设，和中国的传统建筑一样，在世界上是独树一帜的体系，研究中国古代城市发展的规律、城市的布局，并与世界上同时期的其他地区的城市作比较，是研究中国古代社会、经济、文化的一个重要方面。总结这些城市发展的规律，研究城市建设的经验和传统的空间处理手法，也可以为我们当前制定城市规划提供借鉴，对研究保护历史文化名城传统风貌更有现实意义。

中国古代城市有多种类型，主要特征是政治军事和经济职能的区分。从秦始皇起，就实行中央集权的郡县制，在以后的2000多年中，大部时间是统一的，分裂只是暂时的，由于中央集权及郡县制，城市的职能在很大程度上是受封建体制及观念的制约。

封建社会初期——从战国至秦。由于春秋时代是奴隶主贵族旧势力和地主阶级新势力递增的时代，春秋战国之交时，齐、鲁、赵、魏、韩等国已过渡到封建制。而地处西部边陲的秦，进入战国百余年，经过"商鞅变法"，才实现了封建制。秦统一六国后存在的时间很短，加之残暴的专制统治和劳役苛重，社会经济没有来得及很好发展就灭亡了。秦始皇虽然建立了比较完整的封建制度，但也多是从战国时代延续下来的，如"商鞅变法"的影响以及代替奴隶主贵族分封土地的郡县制等。

封建社会中期前段——从西汉至南北朝。这期间，封建制度的社会经济发展了，在城市的布局和建设方面，封建制度的特征也更加明显。由于社会经济的发展，商品交换活跃起来，封建贵族、官僚、商贾集中于城市，统治着广大的农村。这时，长安、洛阳、邺城、金陵等都城，从形式到内涵，都高于咸阳。特别是北魏的洛阳城，在规划、建设上学习与综合了前朝的优点，更是后来居上。但是，北魏的社会经济从奴隶制过渡到封建制的时间不长，生产水平还未超越汉、晋兴旺时期的水平。

封建社会中期后段——从隋至元。隋唐期间，封建经济进入更高的发展阶段，长安和洛阳的建设达到了历史的高峰。宋代，由于商品经济发展的需要，城市格局的变化和小市镇的兴起，使城市发展出现了新的特点。元大都的修建，是中国城市建筑史上的又一个高峰。

封建社会后期——从明至清道光二十年（1840年，第一次鸦片战争）。这期间城市发展的特点是，明朝的"高筑墙"和明末在一些重要城市出现资本主义萌芽。清朝中叶以前城市的发展，比之于明朝末期则没有多大的变化。

城市的产生与发展，是人类文明进步的过程，是文明的产物，历史的见证。一部城市史，也是一部人类文明进步史。现代城市的发展与延续，不断面临新的挑战，需要解决层出不穷的问题。这就要求我们不但要了解城市的今天，而且要回顾总结城市的昨天。

中国城市，有着数千年的漫长历史，是中华民族优秀文明中极其光辉璀璨的组成部分。它不仅是中华民族的财富，也是世界文化中的瑰宝。而中国城市的发展也经历了曲折、复杂的过程。有兴旺发达的高峰期，也有停滞不前的衰落期；有许多可借鉴的成功经验，也有不少值得后人引以为戒的失败教训。重视自己的文化，以史为鉴，温故知新，认识城市的本质、特征和发展规律，解决存在的经济社会矛盾，进而创造城市发展的动力与活力，建设城市美好家园，造福后代，是当今城市迫切需要解决的重大课题。

城市史，是探索人与自然、人与社会及城市发展规律，是研究特定时期城市存在和发展的经济社会条件与人文地理环境的科学。写好一部城市史，不仅要熟悉历史，而且要懂得城市。

目录

第一章 文明的标志：城市

第一节 古代城市的诞生 …………………………………… 2
什么是城市 …………………………………………………… 2
中国城市的起源 ……………………………………………… 4

第二节 古代城市命名趣谈 ………………………………… 6
古代的城市专名 ……………………………………………… 6
以地理特点命名的城市 ……………………………………… 6
以行政区命名的城市 ………………………………………… 8
以典故命名的城市 …………………………………………… 8
汉译的少数民族城市名称 …………………………………… 9
与帝王有关的城市名称 ……………………………………… 9
一城多名与一名多城 ………………………………………… 10
城市的简称与雅称 …………………………………………… 10

第二章 古代城市布局及其构成

第一节 城墙、城门与城市交通 …………………………… 14
城墙的起源 …………………………………………………… 14

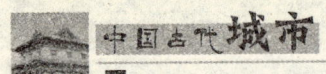

城墙的发展和分类 ……………………………………………… 15
　　　城门 ……………………………………………………………… 19
　　　轨与市 …………………………………………………………… 21
　第二节　城市的居住与里坊 …………………………………………… 23
　　　闾里与里坊 ……………………………………………………… 23
　　　街巷与街坊 ……………………………………………………… 24
　第三节　古代城市的商肆与绿化带 …………………………………… 26
　　　商肆 ……………………………………………………………… 26
　　　集市与庙会 ……………………………………………………… 28
　　　商帮、会馆、票号、牙行 ……………………………………… 29
　　　绿化与苑囿 ……………………………………………………… 30
　第四节　宫殿、坛庙与广场 …………………………………………… 32
　　　宫殿、坛庙 ……………………………………………………… 32
　　　广场 ……………………………………………………………… 33

第三章　先秦时期的城市

　第一节　奴隶社会时期的城市 ………………………………………… 38
　　　夏代的都城 ……………………………………………………… 38
　　　商代的都城 ……………………………………………………… 39
　第二节　先秦后期的城市 ……………………………………………… 41
　　　周时期的城市生活 ……………………………………………… 41
　　　周代的城市建设与城制 ………………………………………… 43
　　　城与市的合一 …………………………………………………… 45
　　　春秋战国时期的著名城市 ……………………………………… 48

第四章　秦汉魏晋时期的城市

第一节　秦代的城市 ……………………… 54
秦代城市史 ……………………… 54
秦代咸阳城 ……………………… 56

第二节　两汉建筑 ……………………… 58
西汉都城长安 ……………………… 58
东汉都城洛阳 ……………………… 59
两汉的宫殿 ……………………… 60

第三节　魏晋时期的城市 ……………………… 61
魏晋时期的主要城市 ……………………… 61
魏晋时期的宫殿 ……………………… 62
魏晋的建康 ……………………… 62
北魏的洛阳 ……………………… 65

第五章　隋唐五代的城市

第一节　隋唐五代的城市与建筑 ……………………… 70
隋代的都城大兴 ……………………… 70
繁华的唐长安城 ……………………… 70
五代的都城 ……………………… 71
隋唐的宫殿 ……………………… 71
隋唐、五代的住宅 ……………………… 73
隋、唐、五代的宗教建筑 ……………………… 73

第二节　隋唐主要城市 ……………………… 77
扬州与益州 ……………………… 77

南诏大理诸城 …………………………………………… 82

唐朝的州市、县市及草市 ……………………………… 84

第六章　宋元时期的城市发展

第一节　两宋的城市与建筑 …………………………… 88

北宋汴梁 ………………………………………………… 88

南宋临安 ………………………………………………… 89

南宋平江 ………………………………………………… 90

北宋的宫殿 ……………………………………………… 91

南宋的宫殿 ……………………………………………… 92

第二节　元代的城市发展 ……………………………… 93

元代城市的综合发展 …………………………………… 93

元大都 …………………………………………………… 94

元朝的杭州 ……………………………………………… 96

元朝时期的泉州 ………………………………………… 97

元朝时期的上海 ………………………………………… 98

元朝中心城市与沿海城市的发展 ……………………… 98

第七章　明清时期的城市

第一节　明朝的城市发展 ……………………………… 102

明代初期的高筑墙 ……………………………………… 102

明末重要城市的资本主义萌芽 ………………………… 103

第二节　清代城市的变革 ……………………………… 105

清代城市发展与变革概论 ……………………………… 105

清代广州的发展 …………………………………… 107
清代上海的发展 …………………………………… 109
清代北京的发展 …………………………………… 110

第三节　明清时期城市建筑与民居 …………………… 112
明清时期城市建筑 ………………………………… 112
明清北京城居住形态 ……………………………… 118
胡同与四合院 ……………………………………… 120
清朝的满汉分隔制度 ……………………………… 127

第八章　古代城市生活趣话

第一节　古代城市生活的特征 …………………………… 132
古代城市生活的发展 ……………………………… 132
城市生活服务的兴起 ……………………………… 134

第二节　古代城市生活面面观 …………………………… 143
古代城市生活写照 ………………………………… 143
古代城市的服饰文化 ……………………………… 145
古代城市的饮食文化 ……………………………… 157
古代城市的居住文化 ……………………………… 167
古代城市的交通与出行 …………………………… 173

第三节　休闲娱乐与节俗 ………………………………… 177
古代城市的游戏与娱乐 …………………………… 177
古代城市的婚庆与丧葬习俗 ……………………… 178
古代城市的节庆与庙会 …………………………… 179

参考书目 ……………………………………………………… 182

第一章

文明的标志：城市

城市的出现，是人类走向成熟和文明的标志，也是人类群居生活的高级形式。城市是"城"与"市"的组合词。"城"主要是为了防卫，并且用城墙等围建起来的地域。"市"则是指进行交易的场所，"日中为市"。两者都是城市最原始的形态，严格地说，都不是真正意义上的城市。通过本章的介绍，我们会更准确地了解城市之谜。

第一节
古代城市的诞生

什么是城市

在原始社会的漫长岁月中，人类过着依附于自然的采集经济生活。为了求得生存，防御野兽的侵袭，他们结成群体，住在天然的洞穴中，或在树上巢居。到旧石器时代的中期，人们在劳动中逐渐创造出较多的工具，开始集

半坡遗址 6000 年前民居

第一章 文明的标志：城市

体的狩猎，形成较稳定的劳动集群，仍以穴居及巢居为主。到中石器时代，人们在劳动中学会了种植及畜牧，开始产生农业及畜牧业，并逐渐定居下来，形成固定的居民点，我国在黄河中下游及渭河一带发现许多中石器时代的村落遗址。这种居民点就是生产发展及第一次劳动分工的产物。

原始居民点一般是房屋及半地穴的组合，大都位于较高且又靠近河、湖水域的地段，因为水是生活中必不可少的，进入农业社会后，居民点都在农业区中，水也是农业生产所必需的。

原始居民点一般也有防御设施，如围墙、水沟、木栅栏等。一方面是为了防御野兽的侵袭，同时也因为原始部落间经常发生战争，这些设施可以有效抵御外敌入侵。

随着生产工具的进步及生产力的发展，产生了剩余产品，随后逐渐产生了私有制，开始进入奴隶制社会。剩余产品的交换开始是不固定的，也无专门职业的商人，传说的"日中为市，各易而退，各得其所"就说明这种市和后来村镇中的集市贸易相似。后来的交易范围扩大，交易量也增大，就需要固定的交易场所，这就是"市"，也产生了专门从事商业交换的商人。同时也从农业生产中分化出一些手工业者，这就是人类的第二次劳动分工。

古代文献中常提到的邑，在卜辞中是𠄌，象形土地和人民，即生产对象和劳动力，可见邑是泛指所有的居民点。中国的邑有时也称做市，称"有市之邑"，这是指城市型居民点。

"城"是防御性设施，"市"是交易场所，"城"与"市"结合在一起就是具有商业交换职能的有防御设施的居民点。这也说明最初的城市就具有明显的社会经济的特点。

古代文献中，"市"与"井"常常联系在一起，称"市井"。因为市一定在居民点中，居民点中必然有井。有一种说法，每天人们都要去井中打水，顺便就在井边交换货物；也有一种说法，市附近必然有井，在交换前要在井中洗濯清洁，然后交换。

由于最早的城市是从农业居民点发展而来，所以最早的城市集中在当时农业发达的地区，如我国最早的城市就在当时农业较发达的渭河及黄河中下游地区。这种情况与古代的埃及、巴比伦等国是一致的。

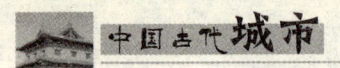

中国城市的起源

恩格斯在《家庭、私有制和国家的起源》一书中说："从罗马建城的传说中可以看出，最初在这里定居的是由许多拉丁族（传说有100个）联合而成的一个部落……"传说公元前754至前753年，罗慕路斯在台伯河畔建罗马城，并开创王政时代，公元前6世纪后半叶始形成奴隶制国家。而雅典城邦始建于公元前8世纪，到公元前7世纪奴隶制才逐渐形成。这说明，西方世界在氏族部落社会的末期就在筑城了。那么，中国是在什么时候开始筑城的呢？

1. 中国在氏族社会末期就已开始筑城

考古发掘的河南省登封县王城岗城址遗迹，是迄今发现最早的古城堡之一，通过对王城岗出土木碳的碳－14测定的年代，为距今4000±65年。有的考古学家推断，它可能就是禹都王城。也有的考古学家对此持否定意见，认为这个城堡太小，城的夯土墙每边只有100米长，城内又没有宫室遗迹，而且根据达曼表将碳－14测定的年代作树轮校正后，为距今4405±127年，要早于夏代纪年（夏代纪年约为公元前21至16世纪），只能说它是"一座筑有防卫设施的一般的聚落遗址"。依照这个说法，中国在氏族社会末期也开始筑城了。那时城堡是为防备野兽伤害以及其他部落袭击而筑的。

2. 城市作为统治阶级堡垒是在奴隶社会开始的

据《世本》一书说："鲧作城郭。"鲧是禹的父亲，因此，在禹以前就已经有城了，那正是处在氏族社会的末期。禹则处于从氏族社会财产公有制向奴隶社会财产私有制过渡的时期。私有制的产生，是由于生产部门的分工，如畜牧业和农业的分工（第一次社会大分工），手工业和农业的分离（第二次社会大分工），促进了劳动生产率的提高，有了劳动剩余（剩余产品），因而形成了奴隶主占有阶级和奴隶这一被占有阶级的阶级社会，随之产生了国家。

禹治水有功，舜死以后被推为"天子"，《史记·夏纪》载："舜帝崩，三年丧毕，禹避舜之子商均于阳城，天下诸侯（氏族部落的首领）皆去（离弃）商均朝禹，禹于是即天子位，南面朝天下，国号曰夏……"《世本》说："禹都阳城。"自禹起，有了国号，有了都城。在私有制社会基础上出现的国家和城市，是一个阶级对另一个阶级进行统治的堡垒。传说"筑城以卫君，造郭以守民"，"民"在当时就是指奴隶，奴隶也是奴隶主的财产。卫君守民就是既要卫护好奴隶主贵族，又要守护住他们的财产（包括奴隶）。《礼记·礼运篇》说："今大道既隐（氏族社会原始公社制度解体），天下为家（变公有为私有），各亲其亲，各子其子，货利为己（财产私有），大人世及以为礼（子孙继位认为是当然的），城郭沟池以为固（构筑城池保护自己及其财产）……"这里记述了城市产生的根源以及当时城市的功能和作用。所以说，具有阶级统治性质的城市，是在私有制奴隶社会产生的。

知识链接

筑城的目的

筑城是筑城工事、筑城障碍物及其所组成的阵地工程体系的统称。有些国家将保护居民和国民经济目标的防护工程也划入筑城的范畴。筑城也指构筑城工事、筑城障碍物的行动。古代是指构筑城池、城堡等的行动。筑城的目的是为了保存军队的有生力量、装备、物资，提高军队的战斗力，遏止、削弱进攻之敌和保护军事设施。筑城关系到阵地的稳定。工事的抗力，筑城障碍物的强度，各种工事、障碍物的正确配置，充分利用地形和实施巧妙的伪装，都与阵地的稳定有关。

第二节
古代城市命名趣谈

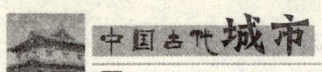

中国古代城市的名称多种多样，其命名由来及名称的变化，也表现了中国历史文化的深厚底蕴。大部分城市的名称一直延续至今，研究和整理这些地名，对研究城市建设历史及城市特色也十分有益。

古代的城市专名

早期的城市名称多为无其他含义的专名，多数以"邑"偏旁为标识，如鄚、邰、邾、邢、鄞、邺、郢、邯郸等。随着城市的逐步双名化，这种专指的单名已多数趋于消亡（一些作为姓氏而为人所熟知，如邓、郑、邰、邢、邬、邹、鄱等），流传至今的尚有一些，如郓城、邳州、郫县、郴州、鄂州、郯城、鄞县、祁县、鄗城、鄢陵等。另一些地名则改为相近字或同音字，如彬（邠）、户（鄠）、眉（郿）、富（鄜）、息（鄎）县等。也有一些并不带有"邑"标志的名称取自古代的城或国名（古代国即是城），如杞、夏、叶、虞、项、亳、滕、薛、费、蓟等，鄯善、焉耆、疏勒等则取自西域古国名。

专名一般仅指城市或国都，随着历史的发展，城市名称逐渐由特指单名转变为具有一定含义的名称。

以地理特点命名的城市

古代许多城市的名称与山川的相对位置有关。一般多以阴阳命名，山南水北为阳，反之为阴，如因水得名的洛阳、河阳（古代河专指黄河）、汉阳、

第一章 文明的标志：城市

中华黄河坛里的铜鼎

江阴（古代江专指长江）、淮阴，因山得名的如衡阳、贵阳、山阴、蒙阴、华阴等。咸阳因位于九嵕山之南、渭水之北，山水俱阳，故名咸阳。如果此后水系和城址的变迁而名称未变，往往会造成"名不副实"的情况，如汉水本自汉阳南龟山附近入长江，明成化年间改道后才改由汉阳以北入长江；沁阳县治本位于沁水之北，后迁沁水以南。

一些城市根据与山川的关系直接以东、西、南、北命名，如淮南、辽东、济南（济水古与江、河并列称四渎，今已不存）、渭南，甚至还有一些通过五行理论以春、夏、秋、冬表示方位，如江夏（位于长江以南，南方为夏）。

城市直接以地理特点命名的有河间、临汾、婺源、汉中、陇西、合肥（东西肥河汇总）、上党、江门、湖口、台北、通辽、赣州、天津（天子渡口）等。一些城市索性直接以附近的地理实体和地理特征命名，如昆山、雍丘、湖州、巢湖、九江、菏泽、渑池、清河、上海（有上海浦）、淇县、涟水、长沙、太原、平原、桂林、盐城、铜陵等。

最后还有一类地名是根据与已有城市的关系而命名，为区别于原有城市，一般多以方位加以修饰，如上邦、下关、南通等，另有一些则以新、旧区分，

如新郑、新蔡、新丰、故郢、陈留，相传新丰是汉高祖刘邦为解决太上皇思乡之情而按照故乡丰邑原样修建，建成后"鸡犬皆识其家"。

有的城市与长城及关卡有关，如山海关、嘉峪关、偏关、张家口等。

以行政区命名的城市

许多行政区驻地城市以行政区的名称命名，我国古代政区一般分为三级：县、辖县政区（郡、府、唐代以后的州）和高级政区（唐代以前的州和唐代以后的道、路、省）。作为辖县政区划分的单位有郡、州、府等，其中最典型的为带"州"的地名，如徐州、荆州、兖州、青州、扬州、冀州等。特别重要的辖县政区驻地城市往往升级为都、京，如汉唐之两京、两都（长安、洛阳）、宋的五京、明中都、曹魏邺都；还有一些少数民族政区的都城，如金上京、辽南京（今北京）、渤海国上京龙泉府（今黑龙江宁安）、元上都、元大都（今北京）、金中都（今北京）等。这些京都成为特定城市名称的只有南京、北京，且在明清时期才固定下来，如宋代南京为彰德府（今商丘）、北京为大名府（今大名县），辽代南京为燕山府（今北京），明初的北京则为开封府。

以典故命名的城市

古代城市有许多是根据历史上发生的具有重要纪念意义的人物和事件而命名的，其名称如不知其典故则难以理解，典型的如：

闻喜、获嘉、不韦：分别位于山西、河南和云南，但均与西汉时南越国相吕嘉有关。吕嘉反叛，武帝出行至左邑桐乡闻汉军获胜，改地名为闻喜；至汲县新中乡获吕嘉首级，改地名获嘉；此后又在吕嘉后人流放之地设不韦县，以彰其先人（吕不韦）之恶。

宜兴：原为阳羡，晋代周氏三兴义兵辅佐晋室，因赐名"义兴"，后避宋太宗赵光义讳而改宜兴。

重庆：南宋光宗于此受封为恭王，后承大统，故升恭州为重庆府，寓双重喜庆之意。

这类以历史典故命名的城市还有很多，如酒泉因西汉名将霍去病将所赐御酒倾入泉中与将士共享而得名，介休因介之推隐居于此而得名，长子因尧封其长子丹朱于此而得名，余杭因相传秦始皇在此渡江舍舟登陆而得名（杭意为小船）。

汉译的少数民族城市名称

在边疆地区，有许多少数民族地区或原为古代少数民族居住地区的城市，通常采取汉译的地名，一般形式有音译、意译两种方式。

在汉译的城市名称中，以音译最多。典型的音译地名则主要存在于东北、西北、西南和华南等少数民族聚居区，如呼和浩特（蒙语：红色城市）、乌鲁木齐（蒙语：美丽的牧场）、哈密（维语：太阳升起的地方）、阿勒泰（突厥语：金），黑龙江省的哈尔滨（满语：晒网场）、齐齐哈尔（达斡尔语：山间牧场）、佳木斯（满语：驿站）、吉林乌拉（满语：沿江），昆明为古代部族名称。有的地名是以少数民族语言命名，现存的汉字上不能解释其原意，如海南的那大（儋州），云南的勐海、勐腊。一些名字虽是音译，但与音译汉字没有任何联系而仅仅采取谐音，如牡丹江，满语意为弯曲的河流，其牡丹两字为满语汉译谐音，与牡丹没有任何关系。采取意译的少数民族地名相对较少，如云南建水，原名惠历，意为大海，汉译为建水；赤峰市，原名乌兰哈达，即红色的山峰。

与帝王有关的城市名称

有的是以某一个朝代王朝的年号命名，如甘肃南部的文县、武都、成县、康县，就是西周初年文、武、成、康诸王的谥号。绍兴是南宋高宗时的年号，嘉定、庆元是宋宁宗时的年号。瓷都景德镇，也是由于宋真宗时的景德元年因所产瓷器优良而改皇帝年号为地名。

有的城市因对皇帝名避讳而得名，如晋时今南京称建邺，因避晋愍帝司马邺之讳而改名为建康，义兴因避宋太宗赵光义之讳改为宜兴，嘉禾因东吴孙皓父孙和之讳改为嘉兴。

有的城市以帝王灵寝而得名，西汉时在帝陵置县，迁关东豪右实之，以长安附近的五陵（长陵、安陵、阳陵、茂陵、平陵）最为著名，在后世留下

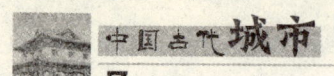

"五陵少年"、"五陵豪杰"的称谓。其他以帝陵命名的还有陕西的黄陵、湖南的炎陵。

一城多名与一名多城

一些城市在不同时代有过不同的地名。一种原因是不同时期具有不同的建制和名称，隋唐时期改郡为州，州、郡名往往并称，此后流传下来的名称或以州命名，如扬州（郡称广陵、江都，这类城市往往由州升府后未改名，如扬州府、徐州府），或以郡命名，如天水（州称秦州）。有的则因同一城市为级别不同行政区的驻地，唐宋以后重要的州往往上升为府，则府名逐渐代替州名，如镇江为县时名丹徒，升州后名润州，升府后名镇江；再如宁波的名称演变次序为鄞县—明州—宁波府。许多历史悠久的城市有很多地名，如苏州，曾称过阖闾、吴都、平江、姑苏，扬州曾称过广陵、江都，开封曾称过大梁、汴州、汴梁、东京等，而名称最多的当属南京，曾称过金陵、建业、秣陵、建康、建邺、江宁、白下、升州、集庆、应天等。

我国古代城市还存在着一名多城的情况。一种是吉祥的名字在不同地区被采用，如两晋时期称为晋昌的城市有三个：并州晋昌郡（山西忻州）、凉州晋昌郡（甘肃安西县）和梁州晋昌郡（陕西石泉县），反映了对晋国复兴的愿望。另一种为随北方汉民南迁设立的侨置州县，如京口（今镇江）有南徐州、南东海郡，晋陵（今常州）有南兖州、南兰陵郡，后世镇江、常州遂有南徐、兰陵的别称。又如东莞最早位于山东沂水，为城阳郡治所，曹魏为东莞郡，东晋元帝司马睿的祖父曾封东莞王，东晋时析南海郡置东莞郡（今广东东莞），而山东的东莞逐渐湮没无闻。

城市的简称与雅称

许多较大城市都有简称或雅称，这些简称或雅号都蕴涵有一段关于城市特色的历史传说故事或神话，是研究城市历史的线索，也是城市文化品牌的象征。一些得名于山水，如宁波称甬得名于甬江，重庆称渝得名于渝水（嘉陵江）。一些则得自典故传说，成都因五代孟昶于城内遍植芙蓉而称蓉，又因织锦业发达而名锦官城；上海因古代曾属春申君黄歇封地称申，又名沪，是

香格里拉风景

一种捕鱼工具的名称。广州因相传有仙人持穗驾五羊而至，故简称穗，也称五羊城；三亚因鹿回头的美丽传说称鹿城，而温州则因建城时有白鹿衔花绕城，也称鹿城。再如松江雅称云间，因名士松江人陆云（字士龙）与洛阳荀隐（字鸣鹤）相见时自报家门时称"云间陆士龙"、"日下荀鸣鹤"，完全因一时游戏之作而得名。酆都称鬼城的主要原因在于城北的平都山为阴长生、王方平修道之处，二人并称"阴王"，于是形成酆都鬼城的传说。有的因形态得名，如厦门称鹭城；有的因自然环境得名，如济南称泉城，武汉称江城，昆明称春城等。

近年来，为了发展旅游业，也兴起了风景名胜点改为城市地名，如把崇安县改为武夷山市，把屯溪市改名黄山市，在张家界景区（曾命名为武陵源景区）设张家界市，把云南迪庆藏族自治州中甸县改称香格里拉，等等。虽则有利于旅游业的发展，但也存在不少争议。

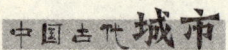

知识链接

山海关的由来

山海关古称榆关,也作渝关,又名临闾关,明朝洪武十四年(1381年),中山王徐达奉命修永平、界岭等关,在此地创建山海关,因其北倚燕山,南连渤海,故得名山海关。在1990年以前被认为是明长城东端起点,有"天下第一关"之称。与万里之外的嘉峪关遥相呼应,闻名天下。山海关城,周长约4公里,与长城相连,以城为关,城高14米,厚7米,有四座主要城门,多种防御建筑,1961年,山海关被中华人民共和国国务院公布为全国重点文物保护单位。

山海关

第二章

古代城市布局及其构成

我国传统城市的规划布局，以方直平整的街道方格网系统最具有浓厚的东方特色。当然在南方水乡也不乏弯曲幽隐的街巷；西南山区也有不少因山就势道路迂回逶迤的山城。但在我国大部分地区，尤其是黄河流域一带，以方格网街道布局，使行政区、居住区、商业区等相对独立所组成的城市数量最多。我国古代城市规划布局的这种传统体系，并不是自始至终一成不变的，而是随时代和经济发展水平等的不同而表现出一定的差异。

第一节
城墙、城门与城市交通

城墙的起源

据考古资料显示，中国最早的城墙出现在距今约6000年以前，代表城址是湖南沣县城头山大溪文化城址。此后黄河流域仰韶文化晚期的河南郑州西山城址也筑有城墙，时间距今约5500年；山东地区大汶口文化晚期的西康留遗址也出现了城墙，时间距今约5000年。到了龙山时期，全国不同地区不同文化的很多城址都出现了城墙，如龙山文化的后冈城址、淮阳平粮台城址、章丘城子崖城址；内蒙古地区老虎山文化的老虎山城址；四川地区宝墩文化的宝墩城址、芒城城址；湖北石家河文化的石家河城址、阴湘城址；此外浙江良渚文化的莫角山遗址也发现了类似城垣的夯土土垣，可以说修筑城垣是这一时期各种文化的共同现象。有一点需要说明的是，在已经发现的城址或者聚落遗址中，修筑城墙并不是普遍现象，比如在发现的大量龙山文化遗址中，只有极少数规模较大的遗址筑有城墙。这一方面说明筑有城墙的遗址是周围众多遗址的中心城址，是该国的权力中心；另一方面也说明修筑城墙在当时并不是一个十分普遍的现象。

当前对早期城市的研究，多关注城市起源等问题，其中也涉及城墙的起源。一般认为，中国古代的

湖南沣县城头山大溪文化遗址

城墙起源于环壕聚落,是当时战争防御的产物,其中最具代表的观点是:"新石器时代的环壕聚落到龙山时代的城邑之间也有一条较为明晰的演进轨迹。新石器时代的农耕开始之后,以集团间的纷争为契机,装备有防御设施的聚落应运而生,这种现象在世界各地都有发现……环壕聚落就是这种矛盾激化的产物……屈家岭文化的一系列城址以壕为主,墙壕并重,可以看做是从环壕聚落向真正的城邑转变过程中的一种中间形态……稍后的中原龙山文化和山东龙山文化的某些城址仍大致属于这一发现阶段,但版筑技术已经出现,总体水平更接近于建筑技术已较为成熟的夏商时期的城邑。"

城墙的发展和分类

城墙的发展与分类,可分别从纵横两个方面归总。

纵向归总,可以把它的发展分为三个阶段:一、原始社会的简单阶段;二、奴隶社会的成长阶段;三、封建社会的成熟阶段。

简单阶段,起于新石器时代而止于夏,历时 1000 年左右。这个阶段还没有"城"的概念,修建在居住区外的土墙石壁只能称为"墙"。

成长阶段,从夏代起到周代止,历时 1300 多年。这个时期的国家,国王是至高无上的权力的化身,"普天之下,莫非王土;率土之滨,莫非王臣"。国王的宝座下,是用宗法等级制建设的,由各级奴隶主支撑的覆斗式的统治大厦。原始公社时期那种平等互爱的温情时代,像东流江水一样一去不返,取而代之的是两大阶级间明显悬殊的物质上的贫富差别和不可调合的精神上的仇恨。

奴隶主在阡陌纵横的井字形领地上,一方面为自己高贵的身份和拥有大量的私有财富感到得意;另一方面又在寂静的田野里感到了奴隶们那深沉的仇恨,于是,奴隶主便按自己的身份、等级营造保护自己家族安全的城邑,因而,这一阶段是奴隶主城邑时期。这个时期的特点是:城墙营建规模是宗法制度的体现,有鲜明的等级差别,带着浓厚的私家营垒意味。

这个时期城墙的建造形式,从《考工记·匠人》中营建王城的法式中可窥见一斑。曰:"匠人营国,方九里,旁三门。墙厚三尺,崇三之。城隅之制九雉,困窌仓城,逆墙六分。"以这法式来看,王城长宽各为九里,每边墙开 3 座城门,全城共有 12 座城门。城墙厚三尺,高九尺。城墙四个城角各高三丈,上建角楼。陡立的城角,成为城防的屏障,增强了城墙的防御能力。逆墙就是女墙,"逆"是建筑术语,表示斜度收分,逆墙的高低尺寸是城墙高度的1/6。

以上营建王城的法式仅是书中记载,实际营城的情况,夏朝仅有传说,无据可考。商朝,从1983年在河南偃师尸乡沟发掘出的商汤早期都城——西亳城垣遗址看,当时墙体用夯土板筑而成,厚18米,可城门洞却仅宽2米左右,按这种不成比例的式样推断,城门上还没有建城楼。

商朝城墙外部一般都挖有环城护壕。如:1974年考察商代的盘龙城遗址时,就发现城垣外有宽约10米的壕沟。

周朝,是这阶段的鼎盛时期,特别是瓦和砖的出现,基本上结束了"茅次土阶"的建筑状况,城上也建起了高大的城楼,这已从金鼎文的"城"字上清楚地反映出来了。

成熟阶段从春秋战国开始,直到清朝,历时2600多年,属封建集权制营城阶段。特点是:军事、政治、经济三要素同时成为营建城池的考虑条件,城墙本体随着武器的发展,型体构造逐渐改进、完善、定型。

这阶段可分为前后两个时期。前期从春秋战国开始,到元朝止,是城墙结构成熟前的过渡时期。

在社会发展史上,春秋战国时期是我国封建社会的开始,此时城墙建设中的飞跃是冲破了宗法制的营城典规。春秋战国时期,由于臣强君弱的政治变化,原来等级森严的宗法营城制,被强臣视若罔闻,诸侯们根据自己的力量和需要违制修筑城墙,兴起了第二次大规模的城市建设高潮,这是当时"礼崩乐坏"的新政治局面的产物。此时,齐国的政治名著《管子》一书,提出了一套代表新兴封建地主阶级意识的城市规划理论,集中体现了第二次建城高潮的政治趋向。书中首先彻底推翻了体现奴隶主宗法等级制的城邑建设体制。旧制中王城及诸侯的城池称"国",卿大夫采邑称"都"。而《管子》书中却是以城市大小、居民的多寡为标准划分城市等级,即所谓"万室之国,千室之都",赋予城级以新的内容。其次,在具体的城建规划上,《管子》以"定民之居,成民之事"为指导思想,强调按职业划定居住区,废弃旧制中按阶级划地聚居的规定。这既标志着阶级关系的新变动,也反映了封建城市经济的需要。再次,在选择建首都城池城址上,与旧制中以井田制为基础的"择中论"相悖,主张"因天材,就地利","凡立国都,非于大山之下,必于广川之上。高毋近旱,而水用足;下无近水,而沟防省",总结了选择"国都"地址的经验教训,反映出新兴地主阶级重实际、轻形式的思想观念。

齐国的国都临淄就是这样一个新兴的人口集中，经济繁荣的大城市。临淄城原属第三等级的卿大夫采邑，旧制规定只准"方五里"，到战国时期，齐国势力日益强大，问鼎之心渐盛，原"方五里"的小城远不能满足做国都的需要了。于是，齐国便根据自己的需要，大胆地扩建了城池，与周天子分庭抗礼。齐相晏婴在出使楚国时，曾向楚王描述过临淄城的景象："城中车毂相撞，行人摩背，挥汗成雨，呵气成云。"一派盛世丰年的情景。除临淄城外，燕国的下都，赵国的邯郸，楚国的郢城都是当时的大城市。

新兴阶级的崛起，掀起了扩城的高潮，但诸侯的强大、争雄又挑起了频繁的战争。由于这时冶炼技术比较发达，制造的武器种类繁多，威力大，因而，城墙的厚度和高度都有变化。考古证实，洛阳涧滨东周城垣，旧城厚度只有5米左右，到战国时加厚到10米以上，重要部位甚至加厚到15米。

西汉初年，北方边境居住着强悍的游牧部落——匈奴。他们乘汉政权初建兵力不足的机会，常在边境侵犯、骚扰，是汉朝的主要外患。为加强边境的军事防卫，阻止匈奴入侵，文帝在位时，晁错曾对边防建设献策，说："为之高城深堑，具蔺石，布渠答，复为一城之内，城间百五十步。"晁错主张建的边城，实际上是"回"形城。一城之内筑曲折廻环的城墙数道，每道城墙都有壕沟相间，城门交错，门内还设机关暗道，不熟悉情况的人，猝然入城，必定迷失方向，最终为守军俘虏。"回"形城的防御功能比普通城强，因而，晁错的建议一经提出，立刻得到文帝的赞赏，马上就在边防建造推行。此后，汉代边防的重要关口就都筑成"回"形城。1961年，在内蒙古呼和浩特塔布秃村就发掘出了一座这样的汉代"回"形城遗址。

汉代边防的防御网一般是"三里一燧，十里一屯，三十里一堡，百里一城寨"。易守难攻的"回"形城，通常建在重要的隘口关道，同其他防御点组成完整严密的边境防线。"回"形城在边境上沿用很久，直到辽金时代还在广泛使用。1959年在牡丹江林口县发掘的金代通城遗址，就是"回"形城，只是城门的修建比汉朝又有发展。每座城门分里外两道隘口，隘口之间用曲折的甬道相连，甬道两垣的高度不低于内垣。当地人把这种城门叫做

洛阳涧滨东周城垣遗址

"转角门"、"三环套月门"，其防守能力较汉代更为严密。

到曹魏时，城墙建设有了里程碑式的飞跃。魏都洛阳城的西北角，建了一座堡垒式的金墉城。虽然它仍是夯土板筑而成，但在城墙外侧，创造性地修建了突出墙体的墩台，城隅修建了角楼，城顶外沿建了女儿墙。墩台、角楼、女儿墙这些城墙上军事设施的出现，大大提高了城墙的战斗作用和防卫能力，也反映了社会局势的动荡不安。

唐朝的边防城墙，出现了保护城门，延长城门防线的瓮城。瓮城的出现，缓解了城门遭火攻的威胁。

城门普遍建造瓮城是从宋朝开始的。宋人用火药制造火器，并大量用于战争，城门首当其冲成为整个城防的薄弱环节。因此，宋朝不仅边防城墙修瓮城，内地的城池一般也都筑瓮城，重要的城池还加筑三四道瓮城。

元朝是"过梁式"城门向"券拱式"城门转变的过渡时期。1969 年，在拆除北京西直门箭楼时，发现了包裹在其中的元大都和义门及其瓮城遗址，处处可见过渡痕迹；门砧石上留有铁"鹅台"（承门轴的半圆形铁球），砖券只用四层券而不用伏（券是竖砖，伏是丁砖），四层券中仅一个半券的券脚落在砖墩台上，说明砖券技术未完全成熟。

后期，从明朝到清朝，历时 592 年，为城墙建设的成熟阶段。这个阶段的特点是：全国大小城市普遍修有城墙，马面、女儿墙、角楼、垛墙、敌楼、箭楼、城楼、闸楼、吊桥、瓮城等城墙上的附属军事设施已成为城墙构造的定式。

明朝对城墙的最大改进，一是用砖砌墙面，增强了城墙的坚固性；二是改变使用了 2000 多年的木构过梁式城门为砖砌券洞式，城楼也变为直接砌筑在砖面的城顶海墁上。以砖代木，有效地防止了火攻城门的威胁，大大提高了城墙的防御能力。

这个改进，标志着我国的城墙建筑已完全成熟了。

从横向归总，城墙的建造可分军事城堡和普通城池两大类。

军事城堡，以守边、保卫疆土为目的，因而，防御严密为其突出的特点，一般都筑有附属军事设施。

普通城池，特别是都城的城墙，以显示国威为重要内容，雄伟、威严是它的特征，一般不建军事附属设施，但城内筑重城，城墙厚大敦实，尤其城门建造得特别壮观。汉长安城的城门全是三道观，唐长安城的正南门则筑有五道观。雄伟宏大的外形，从精神上造成一种威势，使人肃然起敬。

知识链接

淮阳平粮台城址

淮阳平粮台古城遗址是中国新石器时代晚期龙山文化城址。位于河南省淮阳县东南4公里的大朱庄西南侧。1979年发现后，河南省文物研究所在此多次进行考古发掘。据碳14测定，城址距今4100～4300年左右。对研究中国早期城市的起源、国家的产生和探索夏商文化都有重要意义。1988年中华人民共和国国务院公布为全国重点文物保护单位。

城门

古代城市的城门是严格管理的城市出入口，因而也是城市对外交通的起点，城市主要干道与市际道路是合一的，而城门则成为城市内外交通的联结点，这里往往形成了交流的集市，有车马店、栈房等。宋以后在出城干道的附近往往形成关厢地区，有的关厢地区形成商业中心，后来又加筑了关城，另开了城门。

城市道路系统的形式及道路的分级与城市的性质规模有关，也直接与城门的数目有关，都城每边开三个门（北面通常只开2个门），如唐长安、元大都、明北京等。各有三条东西向及南北向的主要干道。州府城市一般每边开两个门，干道系统形成井字形，如宣化、安阳等。一般的县城，每边只开一个城门，道路系统成十字形（或丁字形）。都城及州府的道路可分为干道、街、巷三级，县城的道路则分为街和巷二级。

古代平原地区城市道路大部为方格形，有的完全方正规则，垂直相交，类似棋盘格式的道路网。也有的城市的道路网基本为方格，但有部分道路并

中国古代城市
ZHONG GUO GU DAI CHENG SHI

古代城门

不规则。在地形较复杂的山丘地区，道路走向就只能随地形起伏而弯曲。

周王城的主要道路有九轨宽，为三条并列的道路。汉长安城宣平门、霸城门内大街均为三条道路并列，中间的路较宽为皇帝专用的御路。唐长安城中也有帝王专用的由大明宫经兴庆宫通到曲江池的用夹城保护的专用道路。宋开封城规定城内四条主要道路为御路，在路中间用红漆杈子将御道与其他行人隔开。明清北京城从宫殿至天坛的主要中轴线的干道上，也有高出两边道路的御路，皇帝出行时要铺黄砂，这些都反映了要突出帝王的权威和安全保护的作用。

城市道路的两旁种植树木，唐长安、宋东京都有沿街植树、以及如何管理等的记载。城市道路两边有排水沟，有的是明沟，也有的是暗沟。路面多为土路，唐长安城有关于大雨之后，道路泥泞，发生交通阻塞的记载，南方城市中路面有的用石板铺筑，也有用砖或石块、瓦片等砌成的路面。

水乡城镇的道路系统与河道系统形成一个互相密切配合的系统，苏州的道路系统最为典型，许多地段形成前街后河的格局，在河道交叉口与道路交叉的桥头小广场往往形成交道及商业中心，形成了水乡城镇的特有风貌。

城市道路的宽度由小到大，到唐长安城时达到了顶峰，不过这样大的宽度除了偶尔举行的皇帝出巡、郊祭等人数庞大的仪仗队通行的需要外，平时很空旷，超出了正常的交通需要，所以在后期经常发生侵街筑屋及在街上挖地种菜的情况。比长安城稍晚的洛阳城，也是规划长安的宇文恺所建，布局与规划思想也与长安类似，但是道路宽度普遍缩减，这是总结了长安城经验教训的结果。宋东京城产生了商业街，道路的宽度也明显缩小了，商业街两边的店铺建筑互有吸引力，行人穿越道路的次数大大增加，过宽的路显然对行人不利。城市道路逐渐成为城市人民生活的中心，因此路窄些可以增加市民交往的亲切感，以及产生紧凑、热闹、繁华的气氛。这种从大到小的演变规律，和今天在城市规划中要求道路按功能进行分类分级及步行街的规划理论是完全符合的。

轨与市

道路因交通的需要而产生。在我国古代的城市中，对各种城市的道路宽度即有规定。如周代的城市道路是以"轨"作为表示道路的等级和宽度的基本单位。《考工记》中有："经涂九轨，环涂七轨，野涂五轨。"说明道路的宽度因交通量的大小而不同，市内主要干道最宽，环城道路较窄，城郊道路更窄。还有记载："环涂以为诸侯经涂，野涂以为都经涂。"以轨为单位说明城市道路宽度大小的决定因素是车辆的数量，道路上主要是考虑车行的方便。汉长安城，汉魏洛阳城，用道路将城市划分为许多坊里，通向城门的道路为干道，商业则集中在靠近干道的"市"内。

隋唐长安城及洛阳城，道路系统规划更明显的突出了道路系统的功能，道路两边是封闭的坊里，有坊墙坊门，只有三品以上的官吏的府第可以直接面向城市道路开门，路非常宽，在古代城市中达到了顶峰，中轴线的主干道朱雀大街宽度达150多米，后开辟的大明宫前的丹凤门大街宽达180米，其他的干道也达100米、120米，最窄的也有60米，道路主要是供行驶车马，商市则集中在规模很大的东市和西市。洛阳城的道路系统与长安城类似，宽度则要小些。

宋东京（开封）城的道路性质，与唐长安有很大的不同，道路除了交通功能外，两旁还分布着各种店铺，形成繁华的商业街，并成为城市生活的中心，道路的宽度也大为缩小，一般只有30~50米。这种趋势到宋以后的城市愈加明显，有的城市的道路宽度只有10米左右或更窄。

唐长安城的道路有全市性的主要交通干道，和一般划分坊里的城市街道，在坊内另有道路。这两种道路系统的性质与宽度有明显的不同，坊内道路只有10余米宽，还有一些车辆不能通行的小路叫"曲"。

宋东京城（开封）的道路有主要交通干道，多为通向城门的道路，有的虽不是主要交通干道，却是繁华的商业街，也有的在主要交通干道的某一段形成了商业街。街是商业店铺集中所在，巷是联结各住户院落的入口。

元大都及明清北京城的道路也有明显的分工，有的通向城门的主要干道，宽度较大，这些道路的交叉口（如东四、西四、东单、西单等）或其他段落也集中着一些店铺。另有一些商业较集中的街，如王府井大街、大栅栏宽度较小，有一些巷和胡同，是住宅区的内部道路。一般小城市的道路可分为街与巷，街是全城的交通干道，也是商业街，巷是居住区内部道路。

知识链接

古代道路的分级

在公元前20世纪的新石器晚期，中国就有记载使役牛、马为人类运输而形成的驮运道。公元前11世纪至前5世纪，道路的规模和水平已有了相当的发展，出现了较为系统的路政管理，人们已将道路分为市区和郊区：城市道路分"经、纬、环、野"四种，南北之道为经，东西之道为纬；城中有九经九纬呈棋盘状，围城为环，出城为野；郊外道路分为路、道、涂、畛、径五个等级。

第二节
城市的居住与里坊

闾里与里坊

中国古代城市中居住区称"闾里",如西周王城东面的成周城(均在今河南洛阳)中有闾里,集中居住着一些殷代的旧民。自战国时期到三国时期,直至两晋,城市都采用以闾里为居住单位的组织方式。里是一个封闭的居住单位,闾是里的门。古25家为一闾或一里,后以"闾里"泛指居住里巷。

汉长安城中,据记载有160个闾里,里内是一些排列得很整齐的住宅院落,分布在城内各宫之间,有名可查的就有宣明、建阳、尚寇、南平、大昌等。闾里内"室居栉比,门巷修直",里内沿巷的一些居住院落并行排列,有围墙和门。

曹魏的邺城,改进了汉代长安宫城与闾里相参、布局松散的状况,形成了一个功能分区明确、结构严谨的城市。东西干道将城市一分为二:北半部为宫殿、铜雀园,西北部为戚里,是供贵族居住的里坊;城市南半部则为一般的居住里坊。

北魏洛阳是拓跋氏将都城由平城南迁,并按汉制建设的城市。据记载,城中共有320个里坊,每坊边长300步,坊有坊门和坊墙,建造这种封闭式里坊的目的在于:"虽有暂劳,奸盗永止",是为了加强城市统治者对城市的治安管理。

隋唐长安城是里坊制发展的高峰,全城共有108个坊,在中央干道——朱雀大街的东西各54个坊,分别属万年、长安两县管辖。

坊的大小不同,共五种:第一类18个坊,约26.7公顷;第二类18个坊,

汉长安城遗址

约34公顷；第三类47个坊，约合49.2公顷；第四类14个坊，约合52.2公顷；第五类10个坊，约合76公顷。坊的面积如此大，在古代城市中也绝无仅有。50公顷的面积在现在的居住小区规划中，也少有这样大的面积。

坊为封闭形，四周有坊墙，就像一座封闭的小城市。唐长安城的坊墙墙基厚度为2.5~3米，高约2米，有坊门，有的开东西二门，中为一字形道路，有的四方均开门，有十字形道路，坊门按晨钟暮鼓定期启闭，不许一般住户在坊墙上开门，只有贵族、寺庙及二品以上官员才可以在坊墙上开门。

坊内也有许多寺庙，有的寺如靖善坊的兴善寺、保宁坊的昊天观，甚至可以占半个坊或一个坊的面积。

贵族的府邸占地很大，有的占1/4坊的面积。这种严格管制的居住里坊仅符合统治者治安的目的，显然不能适应城市居民生活的要求。到了唐代中后期，这种严格的管制也松弛了下来，破坊墙沿街开门的事情也常发生，甚至有在坊墙外的街上筑屋的事情，即所谓"侵街筑屋"。坊内本来也不许开店，后来也逐渐废弛，开设了一些供居民日常生活所需的店铺。

严格管理的封闭的里坊制，完全是按封建统治者为便于管制居民的要求而建造的，与城市居民生活的要求是相违背的，因而唐长安城的后期，里坊的严格管理制逐渐松弛，而后来即逐渐完全突破了里坊制。

街巷与街坊

宋代的城市，如汴梁、临安，城市中也有坊的名称，但已不是唐长安城那种严格管制的封闭的坊，而只是城市中一定地段的管理单位，如汴梁城分为八厢，厢下设若干个坊，在街巷的入口处有牌坊且上书坊名。

平江府（苏州）城中也有许多坊。《平江城坊考》中详细地记载了坊名。在宋《平江图》上也还可以看出一些牌坊上的坊名。

从唐代的坊到宋代的坊，不是突变的或某时下令拆倒坊墙，其间有一个渐变的过程。这种变化的动力是城市生活及居民的要求。此外，唐长安及东都洛阳确有这种严格管制的坊，在其他一般城市是否都如此，还有待研究。

元大都城中也有60个坊，但只是一些地段的名称，其组成方式是以街巷（胡同）连接许多并列的院落。

1963年，我们调查过山西省新绛县城（绛州），从现状与历史记载对照，参照隋代《绛守居园》的描述，该城市布局可以追溯到唐代，城中也分为四个里坊，均有坊名，但已无坊墙等的痕迹可寻。

知识链接

里坊制的发展

汉代的棋盘式的街道将城市分为大小不同的方格，这是里坊制的最初形态。开始是坊市分离，规格不一。坊四周设墙，中间设十字街，每坊四面各开一门，晚上关闭坊门。市的四面也设墙，井字形街道将其分为九部分，各市临街设店。到唐代后期，在如扬州等商业城市中传统的里坊制遭到破坏。坊市结合，不再设坊墙，由封闭式向开放式演变，此外夜市也逐渐兴盛。里坊制的极盛时期，相当于三国至唐。三国时的曹魏都城——邺城开创了一种布局严整、功能分区明确的里坊制城市格局：平面呈长方形，宫殿位于城北居中，全城作棋盘式分割，居民与市场纳入这些棋盘格中组成"里"（"里"在北魏以后称为"坊"）。

第三节
古代城市的商肆与绿化带

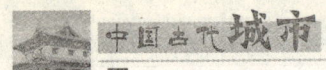

商肆

  剩余产品的交换需要固定的市场，是城市产生的重要的原因。起初商品交换的品种不多，数量不大，在城内某一地点进行定期的交换已可满足要求。随着生产的发展及社会的分工，商品的种数逐渐繁多，数量增大，由直接交换的方式逐渐转变为通过中间商人及货币进行买卖，就形成固定的商市，以商为主。商业发展，封建政府为便于进行征税和管理，在城内设立若干处市，设有管理机构及官员，管平价、征税、治安、度量衡等，汉长安城中有9市，汉魏洛阳城也有几处集中的市，隋唐长安城设有2个很大的严格管理的东市、西市。隋唐洛阳也只有3个市，这种情况说明商业发展后，政府需要加以管理，一方面也说明当时城市经济水平并不太高，一般城市人民的生活水平也不高，以致这样大的城市，只有两三个市，这种过分集中的市也是不方便的，唐长安后期严格管理的市也逐渐松弛，在坊里中也出现了一些店铺。

  北京汴京店铺很多，仅《东京梦华录》就记载了一百多家。交易最为频繁的是米、肉、果子、帛、胭脂、药材等商品。商市的分布突破了严格控制的集中的方式，商店分布在各条街道上，形成繁华的商业街，这也是城市经济发展及人民生活要求提高的必然趋势，城市中也有多处商市，多是街道的某一段，也有某一地点或大型建筑内进行的定期的集市。开封的相国寺就有定期的集市，也有在近城门处，或城门外有定期的集市，是为了补充商业街的不足，为城乡物资交流，农民出售农村副产品及行商小贩服务。

  集中的市内又按不同的行业分为若干肆，这是商业手工业发达后，分工较细的结果，隋唐长安的市中就有3000肆的记载。宋东京城中，虽然各行业并没有分街道集中，但各条街也因其通往的地区及在城市中的位置、行业的分布也有所侧重。一些定期的市集及庙会中也有按不同商品划分地段的情况，明清一些城市中的手工业作坊和商店按街道集中的情况很普遍，这从留下来的街道名称中也可看出，如花街、打金街、缸瓦市、猪羊市等。这种情况与封建行会的组织有关，对市民购物方面也有一定的方便。

市起初多是商业交换的场所，隋唐长安的西市中已有商业与手工业作坊结合在一起的情况，前店后作坊。这种情况在以后的商业街中也很普遍，随着城市经济的发展，城市中流动的商旅的增加，商业中心的市或商业街，也逐渐成为城市生活的中心所在，除了商业手工业外，还集中着一些为商旅服务的旅店、饭馆、酒楼、茶馆，还有一些游艺、杂耍、剧场等。宋代的游艺场所瓦子一般也是靠近商业中心的，明清时代的一些大的商市或大的庙宇的商市，也属这种综合性的城市生活中心的性质，如北京的天桥、南京的夫子庙、上海的城隍庙、苏州的玄妙观及北局。

宋以后城市中的市有多种形式，有"道会""社会"或"庙会"等定期市，如明、清时代北京的灯市、广州的花市等；也有一月中隔一定日期的集市，名称各地不同。北方称集，西南地区称场，广东称墟，小城镇的集市，

宋朝的商肆

定期轮流举行，附近的几个城镇、集市日期错开。有些较大的城镇还有按货物种类分开的定期的市集，如羊马市、柴炭市、果集市等，这些商品多来自农村，是城乡物资交流的所在，地点靠近城门或在城外，如是水网地区则在靠近河道交叉处或桥梁渡口处。农村中集市的分布较均匀，一般约20~25千米一处，农民去赶集，早出晚归，午间是集市最盛时，这些是古代"日中为市"的传统习惯。

商业街形成后，靠近道路交叉口的地段，由于交通方便，人流集中，有利于营业，商业店铺及其他服务设施如饭店、茶楼、酒馆也最为集中，形成城市的商业中心，小城市多形成十字街，就在十字路口形成中心，大城市也是在主要道路交叉口处形成闹市，如清代的北京就在东单、西单、东四牌楼、西四牌楼、钟鼓楼、前门外、珠市口等处形成商业中心。

河道较多的水网地区城镇，商市的分布与河道关系很大，有的商业街沿河道分布，河道交叉处及桥头往往形成闹市。

明、清时代一些城市还在城外发展形成的关厢地区加筑了城墙，这一带也往往是城乡交流的商业繁盛的地区。

中国古代城市中，宗教在城市生活中不像欧洲中世纪那样占统治地位，因而也不像欧洲中世纪城市以教堂及其附近的广场形成城市中心。由于中国建筑是院落式的，如果有庙会商市，也是在建筑群内部的庭院中进行。

商业街道也往往与交通性的道路分开，如北京的主要商业街王府井大街与东西长安街垂直、前门外的主要商业街廊坊头条与前门大街垂直等。当时城市的交通主要是行人、轿子、马车，所以沿街布置密集的商店与交通的矛盾也并不突出。

集市与庙会

以农民为主，进行物物交换形成的集市一直在农村中存在并成为农村商业的主要形式，名称各地不同，大多称市，也有称集、墟、场等，逢每月的二、五、八日或三、六、九日在相邻的几个集镇轮流举行，称赶集、赶场、逢集，多数为一般农民，也有一部分商贩流动其间。在一些地方，在指定的集镇定期举行牛、马等的集市。

城市中的一些大型庙宇定期地举行庙会，由于人流集中，也往往形成商

上海的城隍庙

市。有的是临时性的集市,也有的形成了常年的商市,如北宋东京的相国寺,实际上成为市民的一个商业中心。明清北京城的地坛、白云观在春节期间的庙会;隆福寺则形成商贩云集的小商品市场,一直延续到新中国成立后改扩建为隆福寺商场。南京的夫子庙、上海的城隍庙(豫园)、苏州的玄庙观(包括观前街)因位于城市中心,也成为商市、茶楼、酒馆、小吃及娱乐的中心。

商帮、会馆、票号、牙行

明清时期,国内大市场的发展形成一些商帮,较大的有晋商、徽商、粤商(包括潮州帮),他们遍及全国,在国内一些水陆交通中心及商贸发达的城市建立会馆,类似一些行会的形式,也为他们自己的商业利益服务。比较多的有晋商的山西会馆,粤商为主的两广会馆、潮州会馆等,会馆也为到该城市谋生、求学的同乡服务。

在一些城市中,也有的同业行会形成会馆、商会、公所等,如药业、盐业、钱业等,这也是封建社会市场经济发展的产物。

清代国内最大的商帮为晋商,遍布全国各地,甚至远至国外,为便于资金交流及支付，创立了以银两汇兑业务为主的商号，其发源地及中心在晋中地区的平遥、太谷、祁县一带，票号后也发展为进行信贷业务的钱庄，也是中国模式的银行业的雏形。

商业的繁荣还出现了一种中间经纪人——"牙行"，代客买卖收取佣金，有的牙行"富甲一邑"，多兼营旅栈邸店，或与他们有联系，还联络脚行、船行等行业。有的牙行是零星收购而又集中起来大量批发。邸店从唐宋时期即集旅馆、货栈、仓库于一身，这种机构大大方便了客商，当然这同时也会出现一些欺行霸市的商霸，如鱼霸、粮霸等恶势力。

绿化与苑囿

古代都城一向重视城市的绿化，历代帝都道路的两侧都遍植树木。一般说来，北方以榆树、槐树为主，南方则槐、柳并用。唐长安城街道两侧槐树成行，绿树成荫，当时人称之为"槐街"。白居易的诗句"迢迢青槐街，相去八九坊"，就描写了这一景观。皇城和宫城内遍植梧桐和柳树。都城的中轴线中心大街的绿化，更为讲究：路中设御沟引水灌注，沿沟植树。隋东都洛阳中央御道两旁还尽植石榴和鲜花，长达4.5千米，微风一过，花浪起伏，十分壮观。

供帝王将相游玩田猎的苑囿也是都城不可或缺的一个组成部分。为了满足统治者田猎游玩的需要，历代都城都在城内城外开辟了大量的沟渠池塘和禁林御苑。

早在春秋战国时，诸侯国在都城建苑囿的风气已相当兴盛，楚庄王所筑的层台，吴王夫差所修的姑苏台、海灵宫，都具有一定的规模。秦始皇统一六国后，立即在渭河之南开辟巨大的上林苑，达到前所未有的规模。苑中造有许多离宫别馆。秦始皇迷信，不仅派方士到处访求仙人，还在苑中"作长池，引渭水"，用石块泥土堆砌蓬莱、瀛州等传说中的东海仙山，开创了人工堆山的先河。

唐长安城东南的曲江池和芙蓉园，是著名的风景区，玄宗时又在兴庆坊修建了富丽优美的园林兴庆宫。长安周围风景名胜甚多，骊山脚下的华清宫、华清池更是闻名于世，唐玄宗每年冬天都带着杨贵妃去那里避寒。白居易《长恨歌》诗句"春寒赐浴华清池，温泉水滑洗凝脂"，就是对此事的写照。

北京、开封和南京、杭州的城内城外，都有巨大的林苑。杭州西湖系在天然胜景基础上精雕细琢，开封的风光则完全是人工制造的。清代用了百余年时间，花了极大的人力物力经营西郊风景区。其中圆明园为我国古典园林建筑中登峰造极的杰作，可惜后来被西方侵略者烧为废墟。

除了众多的皇家苑囿，都城中的富豪和贵族也造了不少富于自然风景的园林。例如，西汉长安茂陵的巨富袁广汉，建了一座花园宅第，东西、南北各达一二千米，园中构山为石，引水为池，池中又积沙为洲，奇树异草，无不具备。自南北朝以后，在住宅后部或宅旁建造山池园林形成风气。白居易晚年在洛阳的宅园，占地17亩，除房屋占2/3，其余便是水面、竹林、涧亭和假山。私家园林和皇家苑囿交相辉映，构成都城风景区的主要部分。

知识链接

徽商

徽商，即徽州商人，旧徽州府籍的商人或商人集团的总称（现今徽商概念多泛化指所有安徽籍商人）。徽商又称"新安商人"，俗称"徽帮"。徽商萌生于东晋，成长于唐宋，盛于明。徽州，今安徽省黄山市、绩溪县及江西婺源县。徽商是中国十大商帮之一，鼎盛时期徽商曾经占有全国总资产的4/7，亦儒亦商，辛勤力耕，赢得了"徽骆驼"的美称。徽商的活动范围遍及城乡，东抵淮南，西达滇、黔、关、陇，北至幽燕、辽东，南到闽、粤。徽商的足迹还远至日本、暹罗、东南亚各国以及葡萄牙等地。清朝后期，随着封建经济的瓦解，徽商逐渐衰亡。

第四节
宫殿、坛庙与广场

宫殿、坛庙

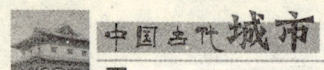

宫殿和坛庙是古代都城的重要建筑物,构成都城布局的一个方面。

宫殿是统治者发号施令的场所,也是日常起居的地方。历代帝王都造了无数雄伟壮丽的宫殿,但至今仍能见到的宫殿,只有明清时代的建筑,最主要是北京和沈阳两地的故宫。就二者而言,无论规模之大、建筑技术之精和使用时间之长,北京故宫都在沈阳故宫之上。

北京故宫始建于明朝永乐四年(1406年),永乐十八年基本建成。历经明清两代的24个皇帝,至今已有500多年的历史。从整体上看,它位于皇城的当中,居于北京城的正中,全城的中轴线从宫殿中穿过。宫内的全部建筑也严格对称地布置在中轴线上,主要分为外朝和内廷两个部分。

外朝包括太和殿、中和殿和保和殿三大殿,是宫城中最庞大的建筑物。自天安门进入,越过端门,穿过故宫的正门午门,跨过内金水河,经过太和门,即进入三大殿。第一座殿太和殿,俗称"金銮殿",是故宫最富丽堂皇的建筑,明清两朝举行大典的地方。每逢新皇帝登基,颁发重要的诏书,元旦、冬至、皇帝生日、发放新进士皇榜,都要在这里举行庆祝仪式。第二座殿中和殿是一座方形的殿堂,是皇帝去太和殿举行大典前,稍事休息或演习礼仪的地方。第三座殿保和殿是年终举行盛大宴会的地方,清雍正以后进士考试的殿试也在这里进行。

第二章 古代城市布局及其构成

内廷在保和殿后面，是皇帝和他的家属居住的地方，主要有皇帝的寝宫乾清宫和皇后的寝宫坤宁宫，加上两宫之间的交泰殿，合称为"后三宫"。三座宫殿的两边是东六宫和西六宫，是妃嫔居住的地方，这就是历来所说的"三宫六院"。

古代社会的人们，普遍相信在宇宙间存在着超乎人类之上的神秘力量，自然界的日月、星辰、雷电、风雨和重要的山河都各有其神，支配着庄稼的收成和人间的祸福。同时，他们又崇信祖先，希望得到祖先的庇佑。为了祈求上天和祖宗的庇佑，历代皇帝在都城均建立了很多祭祀自然和祖先的坛庙。不过，坛和庙并不完全相同。

天坛

坛主要用于祭祀天地、日月、山川河湖、风雨雷电等各种神祇，如明清北京的天坛、地坛、日坛、月坛、社稷坛，即属于这一类。庙主要用于祭祀祖宗先贤等，如太庙、孔庙、关帝庙等。先农坛比较特殊，它由先农坛、太岁坛、山川坛三个坛组成。它既祭祀农神后稷，又祭祀农时和山川，兼具两者性质。

广场

自原始社会后期华夏大地出现广场的雏形，到19世纪末西方广场开始引入我国，在数千年的时间里，中国特色的广场一直伴随着民族文化的发展，保持着鲜明的特色与历史的连续性，逐渐形成了完整的广场体系。在悠悠的历史发展中，形成了灿烂多彩的中国广场文化，尤其是唐宋以后，中国城市的广场生活更加丰富，为民族文化的繁荣提供了充足的营养基。

考古发掘的成果给今人认识原始广场提供了一扇门。20世纪70年代，考古工作者对陕西临潼县姜寨村附近的一处距今六七千年的古文化遗址进行了

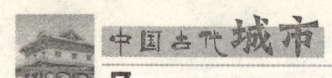

历时8年的科学发掘，取得显著成果，其中最重要的成果就是发现了仰韶文化初期比较完整、清晰的母系氏族村落基址，有两条壕沟将居住区和墓葬区隔开。居住区中心是一个4000多平方米的广场，房屋建于广场四周，房屋的门向都朝着广场。东、西、南、北四面有五座面积各达80~120平方米的方形大房屋，为氏族集会、议事、宗教活动、老人和小孩居住的公共场所。每座大房屋附近分布着10~20多座方形或圆形的中小型房屋，这是氏族成员日常生活、居住、贮物的地方，从而形成了以大房屋为中心的五个建筑群。像姜寨村落基址保存得这样完善，布局这样清楚，为国内以至世界同期遗址所少见，是新石器时代考古中的宝贵发现。它对研究仰韶文化早期的社会性质、社会组织，以及生产、生活、文化、意识形态等，都提供了重要资料，也为认识中国原始的广场形制提供了难得的实证。

姜寨遗址的发掘，展现了相当完整的围绕中心广场的布局实例。大致同期的西安半坡遗址也是环绕广场进行环形布局的，先民利用小型住宅沿圆圈密集排列而形成一个中央空间，在通向东部窑区处留有较宽的通道，大房子设在广场中央偏西处，门东向中央空地。这种位于人类原始聚落中的形式简单的中央空地，是广场的雏形，也是当时建筑群落的中心。"公共性'大房子'位于广场边缘或中心，这绝非偶然，而是共产制原则的社会生活所促成的。"这种露天的公共空间，应是先民出于对生活和生存的需要而有意识地用建筑围合而成的，一方面，这种居住形态反映了社会生产的发展，表明生产方式从游猎生产向农业生产的转换，居住方式从流动和利用天然洞穴向定居和人造空间的转换；另一方面，这种以较小的房屋围绕中间空地及大房屋作环形布置的广场形式也呈现了当时的社会风貌，表明了广场在公共生活中的地位。先民们在原始公有制的经济基础上，用血缘纽带集合在一起，过着平等、民主、互助、团结的集体生活。这个集体活动场所实用性要求促成了环形布置的广场布局与居住格局，从而满足了部落内部成员防卫、生产和集会的需求。

在人类文明的萌芽期，人类对大自然威力的感受是极为深切的，自然现象尤其是天气变化使农业的丰歉不仅仅取决于人的劳动，更取决于自然的恩赐。随着人类意识的发展，这些现象自然而然地激发人们对大自然的崇拜和恐惧，先民希图以载歌载舞来表达对上苍的敬意并唤起上苍的慈悯之心，这当是祈祷、祭祀之类的原始宗教活动产生的基础。为在室外举行祭祀神祇、部族集会等公共活动，就需要在聚落布局中留下一定的室外空间。这种是最初的、具有一定功能的、面向全体居民的形式简单的公共外部场所，就是原始的广场。显然，这些活动既具有明确的超越性，又表现出强烈的功利性与适应性。《史记·五帝本纪》载：黄帝时"顺天地之纪，幽明之占，死生之说，存亡之难。时播百谷草木，淳化鸟兽虫蛾，旁罗日月星辰水波土石金玉，勤劳心力耳目，节日水火财物。"不仅反映了自然对人类活动的制约及人对自然的崇拜，也反映了先民对自然的适应与利用，而原始的广场活动就留下了类似痕迹。

中华先民的原始广场活动，对于激发先民的劳动热情，促进民族的文化创造，产生了深远的影响。《礼记·杂记下》说：子贡观于蜡，孔子曰："赐也乐乎？"对曰："一国之人皆若狂，赐未知其乐也。"孔子认为，宗教活动中的醉饱欢乐不仅使稼穑者能得到一定休息，达到劳逸结合的目的，更是"以礼属民，而饮酒于序"，"以正齿位"而导以礼让的手段，在热烈欢快的气氛中，人的社会性得到充分的显现。从这个意义上来讲，广场及其文化活动的产生本身就是社会公共生活的需要和象征。先民的宗教礼仪活动，尤其是民众化的祭祀活动，也为文化艺术的发展提供了丰厚的培养基，为后世贤哲提供了丰富的思考空间，从而打开了后世开阔自由、轻歌曼舞、丰富多彩的艺术世界，影响和塑造了中国文化独特的品貌和风格。

知识链接

天坛

天坛在故宫东南方，占地273公顷。比故宫大4倍，是明、清朝两代帝王冬至日时祭皇天上帝和正月上辛日行祈谷礼的地方。天坛建筑布局呈墙

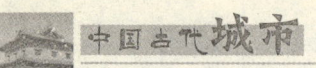

总长3292米。最南的围墙呈方形，象征地；最北的围墙呈半圆形，象征天。北高南低，这既表示天高地低，又表示"天圆地方"。天坛的主要建筑物集中在内坛中轴线的南北两端，其间由一条宽阔的丹陛桥相连结，由南至北分别为圜丘坛、皇穹宇、祈年殿和皇乾殿等，另有神厨、宰牲亭和斋宫等建筑和古迹。设计巧妙，色彩调和，建筑高超。

第三章

先秦时期的城市

　　中国奴隶社会,是从氏族社会公有制进入私有制的夏朝开始,经过商、周(西周)到春秋战国之交,向封建社会过渡时,大约历经1500年左右。这期间,社会生产力在缓慢地发展着,城市从产生到发展,也渐渐地起着变化,到西周后,商业比较发达,在城中才有了市的记载。

第一节
奴隶社会时期的城市

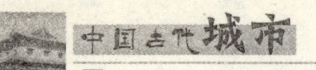

夏代的都城

夏朝（约公元前21至前16世纪）处于奴隶社会发展初期，为"卫君守民"，曾多次迁徙国都，还带有逐水草而居的性质，说明那时的城规模不大，结构也较为简单。

禹即天子位后，传至桀，共历14世17帝。《竹书纪年》载，共有472年，《革统历》说是432年（准确年代不可考）。这期间曾有10次迁都：先是禹从阳城（今河南省登封县）徙居阳翟（今河南省禹县）；禹的儿子启继位后，为避夷族势力，放弃阳翟迁到安邑（今山西省安邑县）；启的儿子太康被夷族的后羿赶到斟鄩（一说在今河南省巩县西南，一说在今洛阳市区以东的二里头）；羿灭斟鄩立仲康，仲康的儿子相逃到帝丘（今河南省濮阳市）；相的儿子少康有才能，曾一度中兴，又建都于阳翟；少康的儿子杼北渡黄河都原（今河南省济源县），又南渡都老邱（今河南省陈留县）。据说杼发明了甲，兵力强盛，即向东扩展势力；帝胤甲时，夏又衰弱了，便退居西河（一说在今河南省汤阴县，一说在今洛阳至陕西省华阴县一带，通称西河）；帝皋都渑池附近；帝桀都洛阳。从频繁迁移的情况看，城的规模不会很大，结构也不会很复杂，城的功能主要是"卫君守民"。有时东进，有时西退，或在黄河以南，或在黄河以北，都以自身势力的强弱和抵卫夷族威胁为转移，但是没有远离黄河中游的左右。因为这里水源丰富，气候温和，适于农牧渔猎，宜于居住，自然形成了华夏民族文化的发祥地。

夏代历时400多年，到桀时，农牧业和手工业都有所发展，城市的建造也前进了。经考古发掘的洛阳二里头遗址，就其规模和文化内涵来看，许多专家学者认为，这里应该是夏代都城斟鄩的所在地。该遗址位于洛阳市区东20公里，在偃师县城西南9公里，北近洛河，南距伊河5公里，面积约3.75平方公里，中部有宫殿区，南部有冶铸青铜器的作坊区，东部有制骨器的作坊区，西部有制陶器的作坊区，住宅、窖穴、水井、灰坑等分置其间，并有大道与宫殿区相连。它很可能是夏桀的都城遗址。《竹书纪年》也载有："太康居斟鄩，羿也居之，桀又居之。"它与王城岗遗址已大不相同，可说是经过发掘的年代最久远的一个都城遗址。

夏代都城遗址

商代的都城

商朝（约公元前16至前11世纪）奴隶社会向前发展了，国家机构已经形成。国都成了政治统治和手工业生产的中心，城的功能也提高了。

如果说，夏朝是奴隶制国家初步发生的时代，商朝则是奴隶制国家机构已经形成的时代。甲骨文证明，商朝有了官职、军队和监狱、刑罚。商在灭夏以前，农业和手工业已走在夏的前边，立国以后，经过500年左右的发展（《竹书纪年》说496年，《三统历》说629年，准确时间不可考），政治、经济、文化又向前跨进一步。在政治上，对奴隶有了分门别类的管理，管农业奴隶的官叫耤臣，管畜牧奴隶的官叫牧臣，管手工业奴隶的官叫宰，管宰的官称冢（大）宰。在文化上，有了象形文字，如禾、麦、黍、稷、田、畴、亩、井、圃、犁等，说明当时农业的进步。在手工业方面，发展的种类也多了，如石工、玉工、骨工、铜工、酿酒、皮革、饲蚕、织制、缝纫、制裘、舟车、土木营造等，均见诸于甲骨文。在商业方面，则有了用于交换的贝币（殷墟有大量出土的贝币），周灭商后，周公还允许商遗民牵牛车到远处经商，可见商代经济已相当发达。当然，这也有一个发展的过程，商朝前期，随着国势的兴衰，都城也有数次迁移。

商灭夏前，汤居商丘（今河南省商丘市），为做灭夏的准备迁徙到亳（今山东省曹县），汤灭夏，即"天子"位，称武王，仍都亳。后为镇压夏人反抗和扩张西部疆域，便徙都西亳（今河南省偃师县城西尸乡沟一带）。这里临近夏桀故都，便于监管夏民并控制中原，有利于对天下的统治。到第10帝中丁，迁都于隞（今河南省郑州市）。帝河亶甲时势衰，迁都到相（今河南省内黄县）。帝祖乙时，因水患迁都于邢（今河北省邢台市）。帝南庚自庇（今山东省郓城县）迁奄（今山东省曲阜市）。帝盘庚自奄迁殷（今河南省安阳市）。《竹书纪年》说："自盘庚迁殷至纣之灭，二百七十三年更不徙都。"《史记·殷纪》说："盘庚之时，殷已都河北，盘庚渡河南，复居成汤之故居……行汤之政，殷道复兴……帝武乙立，殷复去亳徙河北。"照这样说，从盘庚至武乙，又有9个王曾以西亳为都，历时达170年。但是，据考古发掘的西亳遗址要早于隞都，因此，宜以《竹书纪年》所说为据。

纣荒淫残虐，以至众叛亲离，经牧野（今河南省汲县）之战，被周武王攻灭了。现在考古发掘的商代都城有三处：西亳、隞都、殷墟。三处遗址因年代不同，前后比较可以看出各自的发展变化，特别是殷都，已经形成商朝后期军事、政治和经济、文化的中心。

知识链接

王城岗古城遗址

王城岗古城遗址是全国重点文物保护单位。新石器时代城址，位于中国河南省的登封市告成镇西北约0.5公里处的土岗上，当地群众称"望城岗"。土岗现存面积约1万平方米，是一处以豫西龙山文化类型中晚期为主、兼有新石器时代最早期裴李岗文化和相当于夏代的二里头文化与商周文化的遗址。

第二节
先秦后期的城市

周时期的城市生活

中国古代，城市大量兴起的第一个高潮，是在公元前21世纪左右。周武王姬发率众攻陷了商朝国都——朝歌，从而建立起封建领主制的西周王朝。西周社会，是中国历史上一个极其重要的时期，无论是其政治体制、经济体制，还是思想文化等方面，在中华民族的历史上，都留下了不可磨灭的痕迹。中国古代城市的兴起，也是在这个时期开始的。

为了维护和巩固封建领主的统治，开国之初，周天子在土地国有制的基础上，分封了大量诸侯国。据司马迁《史记·周本纪》记载，西周初年共分封了大小诸侯国几百个。这些大大小小的封国，既如众星捧月，烘托着周天子的尊严；又盘根错节，维系着周王朝的统治。所谓"普天之下，莫非王土；率土之滨，莫非王臣"，确实是当时社会形象的写照。

这些大小诸侯受封之后，必然要到自己的封地去进行统治，这样就出现了众多因政治需要而建立的城市。周天子分封诸侯的标准，完全是出于政治需要，无论是地点的选择，还是封地的大小，都取决于受封者与周天子关系的亲疏，或是否有利于西周的统治。这样，势必形成中国早期城市确立的原因，完全取决于政治因素的考虑，而不是导源于该城市的地理位置或生产、经济的发展程度。如史料记载郑国初建之时，"庸次比耦，以艾杀此地，斩之蓬蒿藜藿，而共处之"（《左传·昭公十六年》），楚国初建时，"筚路蓝缕，以启山林"（《左传·昭公十二年》），姜戎则称其封地"狐狸所居，豺狼所嗥"《左传·襄公十四年》），而"太公封齐，与莱夷争营丘"（《史记·齐太公世家》）。从这些历史记载中，可以看出中国早期"城市"的确立，政治需要是惟一的标准。因此，中国早期由生产、经济的发展而形成的城市雏形——聚邑，到此面临一个历史性的抉择：如果它正好处于诸侯的封地之中，与政治需要相统一，它就能得到继续发展；如果它不幸处在封地之外，它的发展历程就艰难曲折，有的甚至因政治原因而从此窒息。

在这种政治型城市中的城市生活，同样深深地打上了政治型的烙印。西周政权从它的统治需要出发，将城市分成三个等级：第一等级是王城，就是周天子的居住地和最高统治机构所在地；第二等级是诸侯的都邑，这是分封到各地诸侯的居住地和管理机构的所在地；第三等级是诸侯的宗室居住地和诸侯手下各位卿大夫们的居住地（当时称为"食邑"）。这三个等级的城市，其建筑规模，如城墙周长和高度、城中建筑物的区划等，都有严格的规定，决不允许僭越（《周礼·考工记·匠人》）。

在这些城市里，人们的居住受到严格的限制。就一个城市而言，它分为城、郊、野三部分。"城"，即用城墙围起来的区域；"郊"，即靠近城墙的城外地区；"野"，则为远离城市的地区。城、郊、野三者区域的大小，完全由该城统治者地位身份的高低显贵来决定。居住在城中的，当然是统治者和贵族；在城市中市场的附近，居住的是大量的平民（其中绝大多数是手工业者）；而居住在"郊"、"野"的人们，就是从事农业生产的农奴。正如《管子·大匡》中所言："凡仕者近宫，不仕与耕者近门（指城门），工贾近市。"只有这样，才能维护统治阶级的尊严和封建"堡垒"内的秩序，否则将"百姓不安其居，则轻民处而重民散"（《管子·七法》）。按管子的说法，士、农、工、商四类居民，如果不安其分，居无定处，那就会使"轻民"（这里指的是"盗者"）用偷盗致富；而"重民"（这里指有专业技术的居民）会因被盗而破产。所以，在当时的城市中，各类人等居住的区域是有严格规定的，决不可混杂。

这个时期，由于城里绝大多数的"居民"都是统治阶级和贵族，因而，当时的城市生活必然以贵族生活为主调，而属于城市的最下层——平民的生活，却是十分单调的，只是当时城市生活的附属品。商周时期的城市平民，主要指的是为统治集团服务、生产满足统治者需要的奢侈品的手工业者。

这些居住在城里的手工业者，大都为官营手工业者。据《周礼·冬官·考工记》记载："天子之六工，曰：土工、金工、石工、木工、兽工、草工，典制六财。"在这六个大部类下，每类都有不少具体分工。这些"在官之工"统称为"百工"。正是这些"百工"的经营，从而形成了众多的手工业门类。如木工这一大类，就包括制造车辆的木工、制造车轮的木工、建造房屋的木工、制作家具的木工等；在皮革工中，又分为制皮工、皮鼓工、皮裘工、梳皮工等。但是，无论从事什么行业的手工业者，都被官府统辖在官营的"天子六部"之中，这就是史书上称为"工商食官"（《国语·晋语四)》的由来。当时的大小城市中，除了集团和贵族势豪以外，构成城市居民的主要成分，就是这些从事手工业生产的工匠和他们的家属，当时称为"国人"。

可是，这些门类众多的手工业部门生产的产品，绝大多数都不是以商品的形式出现的，而是以贡品的形式无偿地向统治阶级或贵族提供。在中国古老的文献《禹贡》中记载，当时的贡品，有兖州的漆器、丝织品；青州的细葛织品、海产品；徐州的磬（用玉石制作的打击乐器）；扬州的金三品（金、银、铜制成的饰品）、羽制品；荆州的朱丹、箐茅（祭祀用品）、玑组（玉或玛瑙制作的不规则的挂件饰品）；梁州的熊罴狐狸之皮等。从这里可以看到，这些贡品绝大多数都是高级奢侈品，城里的平民百姓，包括这些贡品的生产者，都是无缘享受的。

周代的城市建设与城制

周代城市建设，留下的遗址并不多，但周代关于城市建设制度的文献记载对中国古代城市建设的影响很大。

周朝的统治范围，早期在泾水流域，随着势力扩展，早期的政治中心在今凤翔岐山一带，20世纪70年代初曾发掘一些建筑群的遗址。后来在丰河两岸建立了丰京及镐京，近年来在丰、镐遗址处发现较集中的周代遗迹，有窖藏的大量铜器。城址的具体范围以及有无城墙及其形制等均不清楚，遗址发现瓦片，可见已不是草屋顶，比殷商时代进步。

西周初年为加强对黄河下游的统治，周武王曾命周公旦在洛阳附近建洛邑（王城）及成周两个城市，传说都经过"相宅"，即勘察地形及规划。

洛邑（王城）——在东周时（公元前8至前7世纪）曾是都城。在西周时驻有八师（每师2500人）兵丁的一个城市控制着原来商代的中心地区。其位置在洛阳城西涧河的东岸，解放后在洛阳西郊的中州路一带发现夯土城墙及一些建筑及墓葬遗址，在城市规划时，保留为公园，取名王城公园，以便保护这一重要的历史文化遗址。后来对城址进行了探查，探明城址为不十分规则的方形，面积约为 2890×3320 平方米，如折合周代尺度，与"方九里"的记载大致相近。其中心部分较密集的建筑群，可能即王宫，在城的中部偏南，也与"王宫居中"的记载相符。

成周——在王城以东约15千米处，据记载当初周公建城的目的是为了囚禁"殷顽民"，传说城内有闾里，是一些封闭式的居住单位。详细的位置尚难肯定，估计在白马寺东，即后来的汉魏洛阳城的附近。成周在东周时，一度因为避乱也曾作为临时都城。

成书于战国时代的《周礼·考工记》关于城市建设的制度是我国历史上最早的记载。如"匠人营国，方九里，旁三门，国中九经九纬，经涂九轨，左祖右社，前朝后市，市朝一夫"，在周代的城市建设是否严格按照这种制度，尚难证实，但在元大都城规划中可以看到其影响。

"匠人营国"指匠师营建城市。"方九里"指城墙每边长约九里（1里=500米）。"旁三门"指每边城墙均开三个城门。"国中九经九纬"指城中有通向城门的三条南北向街道，三条东西向街道，每条街道由三条并列的道路组成，也可能指有九条南北向街道和九条东西向街道。"经涂九轨"指这些主要的街道宽度可以有九条车轨，如按每车轨八尺计，共宽72尺（1尺≈0.3米）。"前朝后市"指管理政事的宫殿在前面，市场在后面。"左祖右社"指宫殿的左面为祖庙，右面为社稷坛。"市朝一夫"指市与朝各方100步。

《考工记》中还记载："经涂九轨，环涂七轨，野涂五轨。"说明道路的宽度有等级，主要道路最宽，环城道路较窄，郊外的道路最窄，这也说明道路的宽度是根据交通量的大小定的，而道路主要是用来行车的。书中还记载"环涂以为诸侯经涂，野涂以为都经涂"，说明当时诸侯受封的城市等级不同，道路的宽度也不同。诸侯的都城中最宽的主要道路也只有王城的环城道路宽度，书中对各级城市城墙的形制均有不同的规定。这些和当时社会为体现等级及尊卑的制度有关。

城与市的合一

春秋战国时期，是中国社会发展史上的一个重要时期。随着土地制度由国有制转化为私有制，在社会经济、政治制度、思想文化等方面，都发生了深刻地变革。这一系列的变革，在很大程度上，正是通过"城市"的变化而得到反映，从而形成中国城市发展史上的第二个发展阶段。

随着土地私有制的确立，大批新兴的地主阶级，冲破了西周初年通过分封而确立的等级樊笼，建立起自己的统治领地。西周初年分封的大大小小诸侯国，此时正经历着一场以实力为背景的深层次的重新组合。原来凭借着王权的威严而建立起来的大小领主尊严，被打得粉碎。一些诸侯国变得强大起来，一些诸侯国衰弱下去，还有一些原来弱小的诸侯国，也由弱变强。在这当中，起主导作用的因素已不再是天子的权威，而是货真价实的经济实力。与此同时，原来依靠等级制度建立起来的城市，已经不能适应社会发展的需要，同样面临着动荡和组合。随着旧的封建领主势力的削弱和逐渐退出历史舞台，原来那些体现他们尊严、维护他们统治的城市，也发生了巨大的变化，日渐失去了往日的光辉。而那些与新兴地主阶级力量的壮大、地位的确立相适应的新兴城市，则如同雨后春笋般地不断出现。

晋国的新田（今山西曲沃县西南）作为国都，已有200多年的历史。"三家分晋"以后，新田逐渐衰落，而"分晋"的三家——赵、魏、韩新建立起来的国都却迅速发展起来，如赵之邯郸（今河北邯郸西），魏之大梁（今河南开封县），韩之新郑（今河南新郑县北）。这些城市都成为战国后期的著名的都城，与此同时，全国各地又涌现出一批名噪一时的城市。司马迁在《史记》中就曾记载：山东齐国的临淄（今山东昌乐县东南）"甚富而实……临淄之途，车毂击，人肩摩，连衽成帷，举袂成幕，挥汗成雨，家殷人足，志高气扬"。魏国都城大梁"人民之众，车马之多，日夜行不绝，鞠鞠殷殷，若有三军之众"（《史记·苏秦列传》）。在南方也同样如此，如楚国都城郢都（今湖北江陵县北）"市路相排突，号为朝衣新而暮衣弊"（《桓谭新论·中》）。这些描写虽有夸张成分，但也足以看出当时城市发展的程度。

在春秋战国时期的社会大变革中，作为城市的变革，并不仅仅表现在其规模的扩大和数量的增多上，而在于城市功能的变化。这个实质性的变化，就是城市功能从商周时期单一的"堡垒功能"，开始转向具备多种功能，具体表现为"城堡"与"市场"的结合。这个过程，从春秋战国开始，历经秦汉、魏晋、南北朝隋唐，从而使古代城市逐渐具备了今天我们所理解的城市所应该具备的功能。

在先秦及其之前的古代文献中，是找不到"城市"这个名称的。西周时期的城市，只是体现统治者尊严和权威的政治堡垒。在这些"堡垒"中，交易活动十分不发达，封建领主的物质消费，主要靠其领地中农奴的生产而提供，那些为满足其奢侈需要的用品，则大都通过"贡品"的形式来取得，而不是通过交换或买卖来进行。如"造父幸于周缪王，造父取骥之乘匹，与桃林、盗骊、骅骝、绿耳，献之缪王"（《史记·赵世家》）。"楚文王好猎，有人献一鹰。"（《太平广记卷四六〇》）晋襄公四年，"无终子嘉父使孟乐如晋，因魏庄子纳虎豹之皮，以请和诸戎"（《左传·晋襄公四年》）。"周时，旃涂国献凤雏，载以瑶华之车。"（同上书）此外，由于当时社会经济的不发达，加之手工业基本上是官府经营，即"工商食官"，因此，当时虽有少量的交易，但也不是普通平民所能进行的，更不是广大农奴所能涉足的。

至于民间交易场所，当时只是在道路河流的交汇之处，乡邑聚集之处，设有一些临时性的"市场"，即所谓的"日中为市"。但在城里，市场的设置完全是根据西周"礼制"的规定"面朝而市"(《考工记·匠人》),即在后宫的北面,位于全城的中轴线上,并靠近北城门的地方。将市场设立在这里,主要有三个目的:一是因为当时的城市主要是为了体现统治者的尊严和权威。因此,城市的中央和正南这些地方,只能用来建造宫城或官衙机构,市场的位置是绝不能设在这些地方的。二是因为当时的"市场"属于后宫管理,所以将市场设在后宫的后面,便于管理。三是因为市场作为交易场所,必然喧闹嘈杂,而历来传统把市场作为处罚犯人的刑场。因此,更不能让这种地方居于城市的中心位置。

在市场的经营范围上,西周政府对上市的商品也有种种规定。凡有损于统治阶级尊严的物品,都不能上市交易。如《礼记·王制》中明确规定:"圭璧金璋、命服命车、宗庙之器、牺牲、戎器、用器不中度;兵车不中度;布帛精麁不中数或幅广狭不中量;奸色乱正色;锦文珠玉不成器;衣服、饮食、五谷不时或果实未熟;木不中伐;禽兽鱼鳖不中杀"等都"不鬻于市",即不能拿到市场上去交易。

这些制度和规定,到了春秋战国时期,随着社会的大变革,也受到了冲击。尽管这时的城市,还未能完全冲破西周传统制度的束缚,城市的堡垒功能还起着重要作用,但它已不像西周那样处于独霸地位,城市的多种功能已经显示出来。随着城市的扩大,大量的城市平民开始出现,虽然他们还不能称之为"市民",但仅就"城里人"的数量增加这一点来说,就足以改变当时城市生活的性质和内容。这正如法国著名历史学家费尔南·布罗代尔所说:"无论在短时段或长时段,无论在地区的局部范围内或就世界的整体规模而言,一切都同人口数字及其波动相联系。"例如当时齐国临淄的人口就达到30万左右(《史记·苏秦列传》)。在这当中,除了少数统治阶级以外,绝大多数都是手工业者、商人和从事各种行业的城市平民。这些人为生活所计,必然会使手工业更加兴旺,从而各种交换、文化活动也会相应产生。《韩非子·外储上》中记载"郑人买履"的故事,正反映了当时"市场"供应的商品,已冲破了西周初年"衣服饮食不鬻于市"的限制。又如在山西侯马发掘了6座陶窑,其中发现不少豆、盆之类的陶坯和烧坏的豆、盆、罐等废品,其种类和形制，与附近发掘的居住遗址中发现的陶器相同，这充分证明当时手工业生产已与平民生活有了密切联系。同时也说明，当时的市场供应已不仅仅是为统治阶级和贵族服务，平民百姓需要的日用商品也开始在市场上流通。

不仅如此，城市居民的生活也不像西周时期那样单调，在城市的闲暇生活中，也出现了中国早期的娱乐活动。如司马迁曾记载齐国城市居民"其民无不吹竽鼓瑟，弹琴击筑，斗鸡走犬，六博蹹鞠者"（《史记·苏秦列传》）。这里吹竽鼓瑟、弹琴击筑当为文娱活动，斗鸡、走犬、六博当为早期的赌博活动，蹹鞠则为早期的体育活动。而这些活动，都活跃在当时城市的"市场"之中。中国的城市，从此开始了"城"与"市"的合一。

春秋战国时期的著名城市

周平王东迁（公元前770年）至周王朝分裂（公元前476年）是春秋时代奴隶社会向封建社会转变的时期，生产力进一步提高，其标志是铁制工具的广泛应用，使农业得到发展，也促进了手工业和商业的发展，当然也就促进了城市的发展。城市数目增多，城市人口增加，出现了一些商业都会。

周王朝的统治逐渐衰微，分裂的小国又互相兼并，各国之间经常互相攻伐，城市的防御作用日益显著。

由于筑城活动很多，管子曾对城市选址加以总结："高毋近旱而水用足，低毋近水而沟防省。"可见当时对城市如何利用地形，并注意工程经济问题等方面已有充分的经验。

城市的发展建立在手工业、商业发展基础上，所以城市不仅仅是当时各地区的政治中心，也是经济中心，特别是一些大国的都城，规模大，都是商业繁荣的大都会，如燕下都、赵邯郸、齐临淄、郑韩都城、淹城等。

1. 燕下都（公元前4至前3世纪）

燕上都蓟城在今北京附近，下都在今河北易县东南，易水岸边，燕太子丹送荆轲去刺秦王，赋诗"风萧萧兮易水寒，壮士一去兮不复还"就是在这

第三章 先秦时期的城市

燕国都城复原建筑

里。今尚有城与廓的遗址，是现有春秋战国城址中较大的一个。

城分内城及外城两部分，东西长约8公里，南北约4公里，城墙用版筑，底厚7～8米，高4～7米，最高处达10米，城墙中有几处阙口，可能为城门。

内城分布30多处夯土台，一般高6～7米，最高达20米，多利用天然土台筑成。位于内城北墙正中的武阳台，纵横130～140米，高达10米，是城市中心建筑物，台东南及西南有两组对峙的建筑遗址，武阴台正北有老姆台，长95米，是城北的四层夯土台，与武阴台间分布着一些方形、长方形、曲尺形的建筑基址，估计是当时的宫殿建筑群。

内城西侧今高阳村附近有冶铁、冶铜、铸钱等作坊遗址，是手工业作坊的集中区。南部沈村一带居住遗址较多，是当时的居民区。

大的土台上有木柱痕迹，还有大的筒瓦，陶质下水道管。大瓦长达71厘米，可见当时建筑很大。

在夯土台上建主要建筑群，一方面是防卫的需要；另一方面也有突出建筑物的地位，树立统治者的威严等作用。

2. 赵邯郸（公元前4至前3世纪）

赵国都城邯郸，城址在今河北省邯郸市西南4公里处，尚有城墙残址，城分东西两部分，西半部为主要部分，面积1400×1400平方米。城中心有成组的四个土台，可能就是宫殿建筑群，排列在正南北方向的轴线上，南面一台最大，为221×288米，高达13.8米，上面东南两侧有柱石，可能原来是一组大的建筑物。东半部城较小，长1400米，宽约700米，在这城址的东北部即今邯郸市区，近年来发现有大片的遗址，可能也是当时廓的部分，邯郸城内的丛台，是当时赵国的建筑遗址。邯郸城当时既是赵国的政治中心，也是商业都会，城市规模很大。

3. 齐临淄（公元前4世纪）

齐国都城临淄，城址在今山东临淄城北，目前地面上尚有城墙遗址，是国家重点文物保护单位。新中国成立后经过探测，城址平面基本探查清楚，由大小二城相套，小城在西南角，即今临淄城一带，成长方形，南北长1800米，东西宽1230米。城中偏西有土台，东西长65米，南北长72米，高约16米，是当时齐王的宫殿遗址，大城不太规则，周长约12公里。淄河在东城墙外流过，城墙不规则也与河道有关，城内的几条主要道路已探清，通向城墙的缺口即当时的城门。城内还有几处冶铁，制陶的遗址。

由于齐国在战国时期的重要地位，临淄是当时最大最繁华的都城，据《战国策》中记载："临淄之中七万户……甚富而实。其民无不吹竽鼓瑟，弹琴击筑；斗鸡走犬，六博蹋踘者；临淄之途，车毂击，人肩摩，连衽成帷，举袂成幕，挥汗成雨，家敦而富，志高而扬"。可见当时城市繁华景象，7万余户，如按每户五口计，城市总人口当在30万以上，从城址之大看，也完全有可能。当时描写的市街繁荣，拥挤的情况也可以看出当时已有商业街道，并不是将商业局限在特定的市内。

4. 郑韩都城

郑国及韩国的都城城址在今河南新郑县附近，先后建都达 500 年。城分为主城及外廓城两部分，主城近似正方形，周长 9.8 公里，面积 6 平方公里，外廓城在东南，面积比主城约大 1/3，主城内是宫殿区及贵族住宅区，居住区在宫殿的北边，其北面尚有残存的陶窑遗址，外廓城内主要是手工业、商业和一般市民居住区，有规模很大的冶铁遗址，曾掘出风管、炉渣、铁砂等。冶铁场北面有一处玉器制造场及骨器制造场，发现有锯过的骨器，手工业区的西边是商业交易的市场。外廓城内有一座仓城，规模很大。

5. 淹城

淹城为周代淹国都城，城址在江苏常州市东南约 7 公里，分王城、内城、外城三重城墙，王城呈方形，周长约 0.5 公里；内城为不规则圆形，周长约 1.5 公里；外城亦为圆形，周长 3 公里。三道城墙外都有护城河，内城中间有宫殿建筑的遗址，城外有不同时期的墓葬群。

城址内发现的印纹陶片、陶罐、铜器、独木舟等，均为 2000 多年前遗物，证实该城为战国时期城址。

战国时期的著名城市很多，如吴国的都城，即今天的苏州城的前身，规模很大，周长约 23.5 千米，有些城门的名称还是当时的名称，如间门、胥门等。楚国的都城郢都，城址在今湖北江陵县北，鲁国的都城滕城，城为回字形，中为王城，外为外廓。

这些城市一般都有城廓之分，有的并列，如燕下都、赵邯郸、郑韩都城；有的大小相套，如齐临淄；有的内外相套，如滕城；也有的只有一重城墙，并无城廓之分。城中一般为宫殿及贵族居住，廓中为商业手工业及一般居民。城廓的划分也反映了当时的阶级对立，统治阶级的建筑物大多建在人工或天然的高台上，有防御的作用，也可监视周围平民，也有为了显示自己的威严的意识形态的作用。

知识链接

魏国大梁

大梁城为中国古代战国时期魏国的都城。魏惠王六年（公元前364年），魏国将国都从山西安邑（今山西夏县、安邑一带）迁至仪邑（今开封市城内外西北一带，春秋时期称仪邑，处在卫国南部边境），改称大梁。这是今开封城创立之始，也是开封城定位于此地的开端。

第四章

秦汉魏晋时期的城市

在商业发展程度较高的大城市，市场建设比较完备。在秦汉魏晋时期的城市建设中，依然实行坊市制，坊是居民居住、生活的地区，市则是进行商业活动的主要场所。但城市的市场建设，已突破了旧制度的限制，出现了一些新的因素，从城市的空间分割上打破了以前规整方正的格局，可以说，这一时期是我国城市发展的最重要时期。

第一节
秦代的城市

秦代城市史

秦代城市有了一定的发展，咸阳作为其都城，经济、政治、文化地位较为显著。

1. 在变法中崛起的城市

咸阳也称渭城。《史记·秦本纪》记载："秦孝公十二年（公元前350年）作为咸阳，筑冀阙，秦徙都之。"秦孝公以咸阳为都城，任用商鞅监修宫殿阙楼，用商鞅之法，创立地主阶级政权，推动社会前进了一步。

咸阳文化是地主阶级的新兴文化，有其先进性。战国时期百家争鸣的各个学派的代表人物，曾到咸阳活动，养士之风气也逐渐兴盛，相国吕不韦的食客多至3000人。原来在其他诸侯国怀才不遇的张仪、范睢、李斯等人，一到咸阳都得到重用。当时齐有孟尝君，赵有平原君，魏有信陵君，楚有春申君，都以养士闻名，但在文化上都没有大作为，而吕不韦却集中食客，让他们"人人著所闻，集论以为八览、六论、十二纪，二十余万言，以为备天地万物古今之事，号曰《吕氏春秋》"。从能产生这一集体巨著可知咸阳具有浓厚的学术氛围，为新兴国家之新气象。

秦朝廷还聚有珍贵的东西，其中有"昆山之玉"、"随和之宝"、"明月之珠"、"灵鼍之鼓"、"夜光之璧"、"犀象之器"、"江南金锡"、"西蜀丹青"等，反映了咸阳城的富庶和繁荣。

2. 秦毁诸侯城廓与确立郡县制

秦代建立中国历史上第一个中央集权的封建国家，实行郡县制，为封建时代城市体系的形成确立了行政法律体制。但是，短命的秦王朝只是集中全国人力、物力、财力建设了首都，而郡城和县城只是确立了其行政地位和作用。虽在全国实施车同轨、书同文、度量衡统一等，且修筑全国驰道，有利于城市的发展，但由于秦代统治的残暴，却无法获得经济社会发展的社会基础。秦统一全国后初设36郡，后增至40余郡，设县900左右。郡、县在秦代主要是体现行政中心的政治功能，设郡县官吏和驻扎守兵，设立司法机构。秦统一天下为经济社会发展创造了条件，因而也为城市的发展提供了行政基础，但经济社会和城市发展也需要时间。况且秦统一全国后，下令毁六国都城和各诸侯所筑城廓，又迁六国贵族和豪民至咸阳，由此导致一些城市的衰落。总之，秦代全国城市并没有长足的发展。

3. 咸阳为秦朝都城仅仅15年

秦朝（公元前221至前207年）是秦王政（秦始皇）建立的。秦始皇是秦庄襄王之子。《史记·秦本纪》载：秦的先祖非子，因辅助禹治水成绩显著，又佐舜调训鸟兽，被舜赐姓嬴氏。此后大骆因给周孝王养马有功，被封邑于秦（今渭河北甘肃清水县），又称秦嬴。之后以国为姓，秦王政建立的朝代就称秦。秦王政即位国君时年仅13岁，专权的是国相吕不韦和太后宠信的嫪毐。公元前238年，嬴政开始亲政，并镇压嫪毐叛乱，免吕不韦相职，旋即任用李斯，并派王翦等大将继续进行统一战争。从公元前230年灭韩开始，至公元前221年灭齐，10年之间消灭割据称雄的六国，建立了中国历史上第一个统一的中央集权的封建国家，即秦朝。秦嬴政为皇帝，称始皇帝，定都咸阳。他在位期间曾推行许多有利于巩固统一、加强中央集权的政策措施，但赋役繁重，刑政苛暴，激化了社会矛盾。公元前206年为刘邦领导的起义军所灭，共历二世，统治15年。秦的统治疆域，东、南到海，西到今甘肃、四川，西南至云南、广西，北到阴山，东北迤至辽东。咸阳作为秦的首都是从秦孝公十二年（公元前350年）开始的，至秦灭亡，约有100多年的历史。但作为中国历史上第一个封建王朝的首都，却仅仅15年。

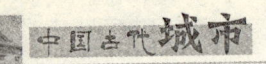

秦代咸阳城

1. 咸阳城与渭水

咸阳位于渭水北岸，水陆交通方便；地势险要；靠近西周镐京，附近人口密集。

根据考古发掘，秦咸阳故城址在今咸阳市以东约10余千米的长陵车站、窑店镇与高家村车站一带。这里原是北依高原，南临渭水；境内宫殿林立，楼阁相连。宫殿主要分布在原（我国北方称高而平的地为原）上，其范围大约东西6千米，南北2千米。宫殿主要有咸阳宫、兰池宫和渭水南的阿房宫，此外还有诸庙、章台、上林苑。

2. 权力与艺术的宫殿

战国时期，从秦孝公到秦庄襄王所建咸阳都城，以渭水为轴线，南北布局，渭北是宫殿群，渭南是寝庙和皇家园林。秦王政称帝后，咸阳建成了一座宫城，所建宫殿达300余个。其中，"营作朝宫渭南上林苑中，先作前殿阿房，东西五百步，南北五十丈，上可以坐万人，下可以建五丈旗。周驰为阁道，自殿下直抵南山，表南山之颠以为阙"，征发"隐宫徒刑者七十余万人，乃分作阿房宫或作骊山"。《史记》载："关中计宫三百，关外四百余。"咸阳既是宫城，又是一座衙门城。城中有庞大的官僚机构，驻扎大量军队，也是一座官营手工业和商人云集的城市。

阿房宫大殿复原图

第四章 秦汉魏晋时期的城市

咸阳城人口众多，集中了来自全国的冶金、建筑、纺织、制陶的手工业匠人。迄今已发现大规模作坊遗址。咸阳商业繁荣，城内设有咸阳市、直市、奴市等著名市场，有专门管理机构，以"金布律"、"关市律"控制市场。秦朝提出"上农抑末"政策，这是中国最早实行的抑商政策，对后世影响深远。

渭河横贯咸阳城，渭北的咸阳宫是秦王朝政治活动中心，阿房宫建成后，政治活动中心向渭南转移。秦始皇作离宫于渭水南北，"渭水贯都以象天汉，横桥南渡以法牵牛，渭水南有长乐宫（兴乐宫），渭水北有咸阳宫，欲通二宫之间，故造此桥。""桥广六丈，南北二百八十步、六十八间、七百五十柱、一百二十二梁，南北有堤激立石柱，柱南京兆立之，柱北冯翊立之。"

秦始皇还引渭河水为池，筑蓬、瀛，称兰池宫。

3. 骊山墓

秦始皇即位时就开始修建骊山墓（今临潼县骊山下），《史记》载："及并天下，天下徒送诣七十余万人，穿三泉，下铜而致椁，宫观百官奇器珍怪徙臧满之。令匠作机弩矢，有所穿近者辄射之。以水银为百川江河大海，机相灌输，上具天文，下具地理。以人鱼膏为烛，度不灭者久之。"已出土的陵墓中兵马俑，有烧制的陶俑达几千具，俑的装束、发式神态各异。

4. 咸阳的手工业

咸阳手工业分官营与民营两种，官营手工业专为宫廷服务，营建的宫殿、楼阁、林苑、桥梁等建筑，需要大规模手工业作坊生产大量建筑用品。考古发掘的遗址，有冶铁遗址、冶铜作坊遗址、铸铜的陶范、陶窑遗址等。民营制陶作坊遗址在西南郊，发现有陶器遗物。

公元前221年，秦始皇徙天下豪富于咸阳12万户，如每户以5口计算，至少有60万人。人口分布仍是"仕者近宫，不仕与耕者近门，工贾近市"。一般居民都住在城外。

5. 中国城市发展史上的一场大火

秦代的残暴统治导致了社会的激烈反抗，陈胜、吴广领导的中国历史上第一次农民起义埋葬了秦始皇万世统治的梦想。起义军攻占咸阳后，"项羽引兵西屠咸阳，杀秦降王子婴，烧秦宫室，火三月不灭，收其货宝妇女而东"，一代帝都在烈火中化为废墟，人民百姓的无数创造与杰作也灰飞烟灭。而西楚霸王在火烧咸阳之后，也变成了刘邦的败将。

知识链接

秦朝疆域

秦兼并六国后的疆域到达长江流域以南的地带。秦朝初立便北击匈奴，派遣屠睢率领50万秦军到岭南平定百越族，疆域迅速扩展并进一步完善炎黄地图，达360万平方公里左右，秦朝的疆域大致为：东起辽东，西至甘肃、四川，北抵阴山，南达越南北部及中部一带，西南到云南、广西。

第二节 两汉建筑

西汉都城长安

公元前206年，西楚霸王项羽率军攻入咸阳，焚毁秦宫室，从此咸阳衰落。公元前202年，刘邦击败项羽，建立西汉王朝，建都长安，从此建立了稳定的政权，历200余年。公元9年，王莽篡位，建立"新王朝"，但不久就

第四章 秦汉魏晋时期的城市

被刘秀夺回政权，恢复汉室，建都洛阳，是为东汉。东汉又历 200 余年。于公元 220 年分裂为魏、蜀、吴，东汉解体。两汉合计 400 余年，对中华文化影响很大，如今我们仍称"汉人"，就是由此而来。"汉承秦制"，秦汉两个朝代，对于建筑影响较大，中国古代建筑有许多定制多是这一时期形成的。

西汉都城长安，位于今西安市的西北。这座城市要比当时的古罗马城大数倍。

汉长安的外形不十分规则，这也许是

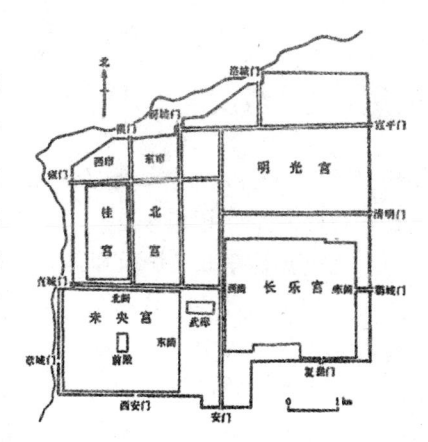

西汉长安城平面图

受到地形的影响，但史书上说其形状是按星座形状而造的。"城南为'南斗'形，北为'北斗'形，至今人呼汉京城为斗城是也。"（《三辅黄图》）

汉初，刘邦称帝，丞相萧何协助建城造宫，并向刘邦提议："天子以四海为家，非壮丽无以重威，且无令后世有以加也。"（《史记·高祖本纪》）但大规模的建设，还是到了汉武帝时才开始。

长安城内街道宽畅，又植行道树，形态壮观而又很有情趣。城内宫殿占去了几乎一半面积。西汉末年，王莽篡位，城内大乱，从此长安衰落。

东汉都城洛阳

洛阳号称"九朝古都"，早在夏代，这里就是"禹都阳城"。但当时尚无文字记载。后来这里又是商代的"汤都西"，西周的"洛邑"，东周的王城，相传是按《周礼·考工记》营建都城的规范建城的。

东汉光武帝元年（公元 25 年）入洛阳，定为都城，起高庙、建社稷，立郊兆于城南，建南宫、明堂、灵台、辟雍等，成为一座规模弘大的都城。据西晋皇甫谧的《帝王世纪》中说："城东西六里十一步，南北九里一百步。"城南挖城河，共设 12 座城门，壮观非凡。城内有大街 24 条，街旁植行道树，开挖水沟。城内南北二宫，富丽堂皇。

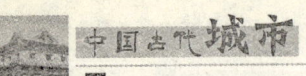

两汉的宫殿

西汉的宫殿，主要是汉长安城内的未央宫和长乐宫，还有明光宫及桂宫等。在此着重介绍未央宫。

未央宫位于长安城的西南，建于汉高祖七年（公元前 200 年），先建东阙、北阙、前殿、武库、天禄、麒麟、石梁等阁，后又有所增建。汉代未央宫内主要的建筑达 40 余座。未央宫的主要宫门有东门与北门，立东阙、北阙，阙内有司马门。未央宫前殿为"大朝"，前面设端门。殿之东有宣明、广明两殿，西有昆德、玉堂两殿，殿西还有白虎殿。前殿后面有石渠、天禄两阁。内庭有宣室殿，为宫的正寝，另有温室、清凉两殿。椒房殿为皇后所居，昭阳舍、增城舍、椒风舍、掖庭等为嫔妃所居。其他还有柏梁台、武库、苍池等。据《西京杂记》中说："宫周二十二里九十五步，台殿四十三，门闼九十有五。"未央宫今存基址，近方形，周长 8560 米，其面积约为 4.6 平方公里。

东汉都城洛阳的宫殿：汉光武帝时代（公元 25～57 年）建造南宫，汉明帝时代（公元 58～75 年）建造北宫，汉和帝至灵帝时代（公元 89～189 年），又陆续建造了东宫、西宫等，可见洛阳的宫殿建设时间延续得很长。

东汉洛阳南宫之正门，即京城南面之正门，位于洛阳城偏东处。北宫在洛阳城的东北，南北二宫均靠京城之南北城墙，相距约 3.5 千米。这些宫殿要比西汉长安的宫殿小得多，但很考究。后来洛阳都城随着东汉的消亡而衰败了。

知识链接

明光宫

明光宫建于汉武帝太初四年（公元前 101 年）秋，位于长城乐宫北，具体地点尚不清楚，一般认为其地望当年在清明门大街以北，宣平门大街以南，安门大街以东，东城墙以西范围之内。据班固《西都赋》和张衡《西京赋》所说，明光宫与长乐宫，桂宫以及未央宫之间皆有阁道相连。

第三节 魏晋时期的城市

魏晋时期的主要城市

魏晋时期的城市，这里着重介绍两座：一是曹魏时期的邺城；二是北魏时期的洛阳。

邺城位于今河北的临漳县附近，如今这里大部已在漳河底下了。因此曹魏时期的邺城，只能在文献资料中见到了。此城规模较大，据记载，城南北长折合今公制为2205米，东西宽3087米。城的西北隅有三台：南为金虎台，北为冰井台，中间为铜雀台。邺城的最大特点在于形制的创新。邺城是一座总平面为扁矩形的城市，中轴线北端是宫城，其东为一组官署，官署后部为后宫，是曹操的宫室。在后宫和官署的东面，为皇家贵族的住所，称"戚里"。城的南部为居住、商业区，约占全城面积的3/5。由此可知，这种都城与《周礼·考工记》中所规定的形制已很不相同了。

魏晋时期的洛阳，乃是西晋和北魏的都城。后因西晋皇族为争夺皇

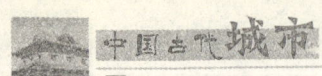

位，造成内乱，即所谓"八王之乱"。北方的匈奴、鲜卑、羌、羯、氐等族则乘虚而入，西晋告亡。晋朝皇族以及大批百姓迁至长江流域，建立东晋王朝。

后来鲜卑族拓跋氏在此建立北魏，结束了北方的混乱局面。太和十八年（公元494年），魏孝文帝从平城（今山西大同）迁都洛阳。北魏洛阳城改变了汉、魏、晋三个朝代将都城分为南北宫的分散形式，基本上按照旧都城的规制，把地势较高的东汉以来的旧城置于中部偏北，然后在较为低平的外围，主要是东、西、南三面，兴建郭城。从文献资料和考古发掘来看，北魏洛阳城既不像汉、魏洛阳城和东晋建康城，也不完全像平城，而是将两者的长处、优点融为一体。北魏创建的洛阳郭城，北依邙山，南通伊洛，"东西二十里，南北十五里"。城有12座门，均以魏晋旧名。"一门有三道，所谓九轨。"（杨之《洛阳伽蓝记》）。

魏晋时期的宫殿

曹魏邺城的宫殿位于城之北，建筑群布置得很严整。正中宫城部分，如宫门为一封闭形的广场，经过端门至大殿前的庭院，大殿在正中，举行大典时用，殿前左右有钟楼及鼓楼。东部的宫殿官署布局也很严整，进入司马门，干道两边为各种官府衙门，后半部为后宫，曹操居于其中，这就是"前朝后寝"之制。

邺城的主要宫殿在西晋末年毁坏，后来十六国的后赵建都于此，有所修复。

西晋、北魏时期的洛阳宫城建在城的正中略偏西北。宫城南北长1398米，东西宽660米，占洛阳城的1/10左右。北面为北宫及帝王专用园林，正对宫门阊阖门的铜驼街为城市的主轴线，其西侧为官署、寺庙、坛社等。

魏晋的建康

公元220—581年，总称三国两晋南北朝，在这段时间里，古代中国一直处在动荡和分裂的局面中。虽然战争不断，民生窘困，但由于王朝频繁更替，也加速了各民族间的融合，在不少领域仍取得了世界领先的成就，大科学家祖冲之、大艺术家王羲之、大文人谢灵运、都诞生在那个时代里。六朝的物质文明尤其是都城建康的城市模式，也对中国古代城市规划的发展影响深远。

建康即今天的南京，自三国东吴开始，东晋以及南朝宋、齐、梁、陈的国都均在建康，是六个朝代的政治、经济、文化中心，号称"六朝古都"。三国中的东吴称得上是叱咤风云的一方豪强，势力范围遍及今天的长江中下游。为了对抗来自北边曹操的威胁，公元210年，孙权正式把自己的权力中心迁到秣陵，于此地建城并更名为建业。诸葛亮在看过建业后称赞这里说："钟阜龙蟠，石城虎踞，真帝王之宅也。"

东吴定都伊始，物质匮乏。早期的建业城甚至并没有城墙，仅有竹篱笆，后来夯土筑墙，但城门却仍是用竹篱编成。尽管如此，整个城市的规划还是井然有序的：它有两层城墙，里面是宫城，外面是郭城；宫城在都城的中间偏北，约占总面积的1/4；宫城的核心区为太初宫，南宫、苑城和西苑分别为宫殿、花园和卫队驻地。宫城的正门（大司马门）和都城的正门（宣阳门）构成了一条城市的中轴线。这条中轴线出了都城后继续向南延伸2.5千米后至秦淮河北岸的朱雀门，总长超过3.5千米。这条路也是皇帝的御道，道路两边设有排水的沟渠，再两边就是一般人员通行的道路。这条三车道等级的道路两旁，还建有中央官署和部队营房。

这种城市布局是历代都城中未出现过的。虽然这条中轴线未在城市的正中央的位置，仍旧使整个都城的规划显得井井有条。朱雀门外就是秦淮河，河两岸是居民区和商业区。建业作为东吴的都城有51年的历史，西晋时改称建业为建康，建康后来的发展基本上都是延续了这样的城市布局。

东晋时，司马睿重新定都于建康。作为当时东晋的都城，建康获得了前所未有的大发展。东晋统治者出于加强城市安全的

南京古城墙

需要，开始修建建康的外郭，就是环绕都城之外的城墙。不过当时修建的外郭既不是用土，也不是用砖，仍是用竹篱笆围成的，于是建康城就成了一座"大竹寨"。除了加强城防措施之外，东晋的皇室和贵人们还陆续在建康城建筑了很多豪宅大院，如仿造洛阳宫城的式样建筑了"建康宫"；在宫城北面的玄武湖湖面及鸡笼山下修建了皇家园林。

南朝（公元420~589年）是东晋之后建立于南方的四个朝代的总称，先后共有宋、齐、梁、陈四个朝代更迭，这四个国家的都城均为建康。虽然战乱动荡不止，但是南朝在中国历史上仍有着极其重要的地位，客观上为华夏文明的发展和传播作出了不可磨灭的贡献。

南朝时期，建康一直作为都城，得到了进一步的发展和繁荣，特别是在梁代。梁武帝萧衍重新设立了大匠卿一职，专门负责都城的建设。他下令陆续重建了太极殿等大小数十个宫殿，还将台城改为三重宫城，对皇家园林和寺庙宗社等也大量翻修。这样经过40多年的经营，建康成为当时罕见的大都市。梁武帝好佛，宫中有数座宫殿专用于礼佛。据记载，建康当时有佛寺数百座，"南朝四百八十寺，多少楼台烟雨中"，此诗便是描述此景。

建康在最鼎盛时期，有近200万人口，街市繁荣，道路整齐，御道旁种植有中国最早的行道树——柳和槐以及橘子树，整个城市规整而实用。以至于北魏在其都城洛阳被毁后，也曾秘密派人来建康城学习城市模式。这种实用和规整并存的城市模式，被后来的朝代一直吸收传承，直接影响了唐代，甚至深深影响了百济及飞鸟奈良时期的日本。

公元557年，改朝换代的一幕再次在南朝上演，梁大将陈霸迫使梁敬帝退位，建立了陈国。陈的历史短暂且国力衰弱，陈的版图也是六朝之中最小的一个。"台城六代竞豪华，结绮临春事最奢。万户千门成野草，只缘一曲后庭花。"唐代诗人刘禹锡这首脍炙人口的《台城》，对陈朝由于穷奢极侈而亡国作了形象的描绘。

陈朝最后一个皇帝陈后主生性奢靡，不但不体恤民情，重振国力，相反日日耽于酒色，大兴土木为自己建造园林。他亲自作词谱曲的《玉树后庭花》，甚至已成为靡靡亡国之音的代名词。杜牧的名句"商女不知亡国恨，隔江犹唱后庭花"，即是借陈后主暗讽晚唐时政。

士气涣散、军民离心的陈国完全无法抵挡强大隋朝的进攻，很快建康就被攻陷，建康作为都城的历史也暂告一个段落。隋文帝担心建康被人利用起事，在消灭陈朝以后下令毁城，把建康所有宫苑城池夷为平地，繁华了近300年的六朝帝都就此不复存在了。

北魏的洛阳

以洛阳为中心的河洛地区是华夏文明的重要发祥地，也是著名的丝绸之路的起点。

东汉时洛阳是其都城，但因战乱已十分残破；魏朝继续在洛阳建都，并在洛阳进行了大规模的改造工程，其中很大程度上参考了邺城的规划模式。原来东汉时的洛阳并没有南北向的纵轴大街，魏朝改造时，从北宫的正门起到都城的南面正门，修建了一条纵轴大街。这条大街的修建使整个城市变得井然有序，同时强调了北宫对都城的统领地位，都城的规划由此显得主次分明。

魏朝不仅整饬了都城的整体布局，同时对宫城内部也进行了修建。魏明帝时期，宫城内部不但按"前朝后寝"的格局修建好了，而且在后寝区宫殿的北面修建了大规模的皇家园林——华林园。魏明帝对建造园林兴致很高，不仅从太行山开凿石料远运洛阳，还从长安运来大钟将其熔成铜汁后铸成巨大的黄龙、金凤等铜兽。华林园里广植奇花异草，珍禽异兽充斥其中。魏明帝甚至命王公大臣也参与建园的具体劳作，整个工程动用了上万人的劳力。最后众大臣实在无法忍受，上谏皇帝要求适可而止，魏明帝才勉强收敛后来的续建工程。

魏朝之后，西晋仍以洛阳为都城。由于洛阳在魏朝时已修建得很具规模，西晋时的洛阳城市格局没有什么大变动，而永嘉之乱后，洛阳再一次成为废墟。

北魏由鲜卑族拓跋氏于公元268年建立。公元439年，北魏统一了中国北方，为加强对中原的统治，孝文帝时期迁都洛阳，直至北魏灭亡，洛阳作为北魏都城的时间共有39年。孝文帝是北魏的汉化运动的主要倡导实施者，他锐意改革，励精图治，在统一的北方大胆地实行汉化运动，在官制、禁止胡语胡服、改鲜卑姓为汉姓、禁止同族通婚、礼乐刑法等几方面进行汉化改革。革新还有一个很重要的内容，就是迁都和对新都城的规划。

平阳（今山西大同）是北魏原来的都城，这里常遭到来自北方民族的骚

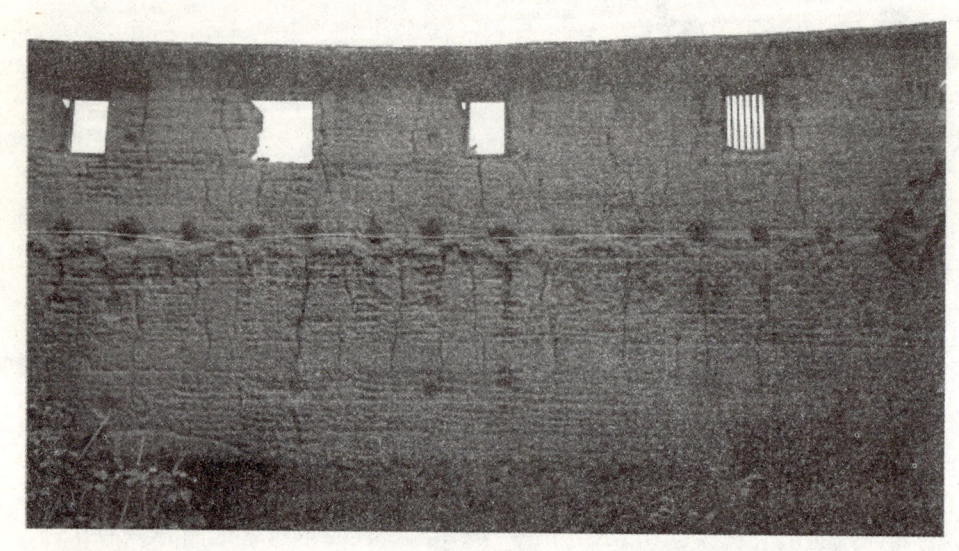

古代城墙

扰,加之地理位置的原因,在军事战略上对北魏政权的巩固很不利,还经常发生水旱自然灾害,疾病肆虐。为了便于学习和接受汉族先进文化,进一步加强对黄河流域的统治,孝文帝决心把国都迁到洛阳。

孝文帝为了迁都一事费了很大心思。他怕大臣们反对迁都的主张,先是提出要大规模进攻南齐,大臣听了纷纷反对,最激烈的是任城王拓跋澄。孝文帝在朝堂上当面斥责了他,下朝后却单独召见了他,对他说自己的真正目的不是要征齐,而是想要迁都。平阳不适宜改革政治,他要彻底地移风易俗,想借着出兵的机会带领文武官员迁都中原。拓跋澄恍然大悟,立刻赞同了魏孝文帝的主张。

公元493年,魏孝文帝亲自率领步兵骑兵30多万南下。从平阳城出发,到了洛阳正好碰到秋雨连绵,足足下了一个月,到处道路泥泞,行军困难;但是孝文帝仍旧戴盔披甲骑马出城,下令继续进军。大臣们本来就不情愿,趁着天气借口又开始阻拦。孝文帝严肃地说:"这次我们兴师动众,如果半途而废,岂不是给后代人笑话。如果不能南进,就把国都迁到这里,诸位认为如何?"

众大臣面面相觑,一个贵族说:"只要陛下同意停止南伐,那么迁都洛阳,我们也愿意。"许多文武官员虽然不赞成迁都,但是听说可以停止南伐,也都只好表示拥护迁都了。

孝文帝把随军的大臣说服了,又派任城王拓跋澄回到平阳去向那里的王公贵族宣传迁都的好处。随后他回到平城,又亲自召集贵族老臣讨论迁都的事。贵族们反对的各种理由都被孝文帝一一驳倒了,那些人拿出最后一招,要求卜卦问吉。孝文帝说:"卜卦是为了解决疑难不决的事。迁都的事已经没有疑问,还卜什么? 治天下者,以四海为家,世上没有一成不变的事,祖辈们也迁过几次都,为什么现在就不能迁呢?"贵族大臣被驳得哑口无言,迁都洛阳的事,就这样决定了下来。

孝文帝对邺城和建康的城市规划颇为赞赏。早在有迁都的想法后,他便派大臣借出使的机会,秘密地将建康宫殿的模式用图画下来,以作为重建洛阳的借鉴。重建后的洛阳果然与建康有很多地方相似,如城墙的位置、宫城的位置、园林的布置以及城中道路的等级等。

和建康相同,北魏洛阳也将宫城设置在整个都城的中心偏北处。宫城的正门和都城的正门之间是一条等级最高的纵向大街,成为城市的中轴线。宫城内遵循了"前朝后寝"并且宫城前遵循了"左祖右社"的布局。一个少数民族国家的都城这样全盘汉化,孝文帝对汉族文化的认同和向往由此可见一斑。

孝文帝还大力提倡佛教。在他统治期间佛教发展迅速,洛阳成为当时北方的佛教中心。著名的永宁寺在铜驼街西侧,都城内外佛寺多达1300余座。佛教的兴盛也推动了佛教艺术的发展,当时最重要的佛教艺术形式就是石窟艺术。我国三大石窟之一的洛阳龙门石窟,就是孝文帝正式迁都洛阳那一年开始开凿的。

北魏洛阳的都城正门采用了"夹建两观"的形制,即类似今天可见的北京故宫午门的形式。这种平面呈"凹"字形的城墙,最早在周朝时就出现了,在敌方进攻城门时守方可从城墙"凹"形伸出的两端进行夹击,故一直为设计者和统治者所青睐。至于后来从美学角度出发,在城门上建"阙"使得城门更为雄伟,则是属于功能决定形式之后的完善了。

公元501年,北魏宣武帝对洛阳又做了一次大规模的扩建:在都城的东

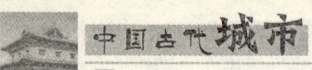

南西三面发展出新居民区，然后在新居民区的外围又重建了新城墙。居民区也采用了里坊制，并设置了集中的市场，整个城市显得相当规整。北魏洛阳在古代城市规划史上最大的贡献亦是在此时期，它首次形成了三城相套的格局，城市里分区明确，主次有序。可以说是从曹魏邺城开始，经南朝建康之后，历经近400年的时间将城市发展得如此规整的一个总结，对后来隋唐都城的规划影响深远。

知识链接

北魏的历史

北魏（386～557年），是由鲜卑族拓跋氏建立的封建王朝，是南北朝时期北朝第一个朝代，又称北魏，拓跋魏，元魏。早期国语鲜卑语，初称代国，386年，拓跋部首领拓跋珪建立，改国号为大魏，建都平城。439年，统一北方。493年起孝文帝拓跋宏迁都洛阳，皇帝改姓元。534年，分裂为东魏与西魏。北魏时期，佛教兴起，佛教得到空前发展，迁都洛阳和移风易俗，促进了北魏的封建化和民族融合。东魏武定八年（550年），高洋废孝静帝，代东魏自立，建立北齐。西魏于恭帝三年被权臣宇文护逼迫禅位于其侄宇文觉，北魏历史正式宣告结束。

第五章

隋唐五代的城市

　　随着人口的增加和商品交换需求的扩大，限时交易的封闭型市坊制度已不能适应城市的发展。隋唐开始，这些限制逐渐改变。从唐中期开始，市坊制度已发生松弛、裂变。当时，商业不再限制在专门的商业区，许多坊中出现了市场、店铺、作坊。五代城市建设和制度也得到一定程度的发展。

第一节
隋唐五代的城市与建筑

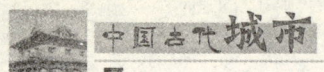

隋代的都城大兴

公元581年，隋统一中国，结束了360余年的分裂局面。隋文帝杨坚是一位有远见卓识的皇帝，他觉得大国都城，惟有长安最合宜，因为长安是很具优势之地，其他地方都不适宜建都：一是洛阳、邺城等地，在战乱中受到了严重的破坏；二是建康（今南京）似偏南，对统治整个中国不利；三是陕西关中一带，东西南北，是当时的政治统治之要地。所以隋文

大兴城遗址

帝决定建都于汉长安城之东南新辟一地，建造都城。开皇二年（582年），就在西汉长安东南动工兴建都城，并定名为"大兴"，以示新的历史的开始。

大兴城的布局，外面是方正的城郭，内部是整齐的街道，整个城市井井有条，建设得十分理想。

繁华的唐长安城

公元618年，李渊起兵灭隋，建立大唐。唐代都城定于隋都大兴，但改

名"长安",即历史上著名的唐长安。唐长安的基本格局与隋大兴一样,其城市总体特征是中轴线对称布局,以正对宫城大门承天门、皇城大门朱雀门,直至南城中门明德门的朱雀大街为中轴线。城门位置道路的格局及东市、西市的位置等,都是严格对称的。城内的道路呈方格网形式,南北大街11条,东西大街14条。道路等级分明,层次清楚,以通达城门的大街为主干道,其他则为次级道路,最后则是通达诸街坊内的小路,道路最宽的达180米。唐长安城内的居住区为街坊形式,是封闭式的坊里制。这样的布置便于管理,对社会治安有益。

五代的都城

唐朝末年,梁王朱全忠夺取政权,改国号为"后梁"。他以汴州开封府为东都,洛阳为西都,并派人对洛阳城加以修葺,筑南北二城。开平三年(909年)迁都洛阳。后梁末帝朱籧龙德三年(923年),李存勖在魏州(今河北省大名县东北)称帝,为后唐庄宗,灭后梁,迁都洛阳,以洛阳为洛京,后又改称"东都"。

金陵位于南朝时的都城建康之南,据记载,金陵城周二十五里四十四步,城上阔两丈五尺,下阔三丈五尺。南门一带,均用巨石砌成,东北面依山带江,极为险固,凿护城河。城门有八个,除东、西、南、北四门外,又有上水门、下水门、栅寨门、龙光门。整个都城的位置,"夹淮带江以尽其利","南止于长桥,北止于北门桥,盖其形局前倚雨花台,后枕鸡笼山,东望钟山而西带石头"(《中国历代都城宫苑》)。

隋唐的宫殿

隋代建都大兴,其宫也叫大兴宫。此宫位于都城之北的中轴线上。唐代都城在隋大兴原址,但改名为长安,有"长治久安"之意。唐长安的皇宫也在隋大兴宫原址,但改名为太极宫。宫之东有东宫,西有掖庭宫,掖庭宫为嫔妃所居。整个太极宫规模很大,东西宽1285米,南北长1492米,是今北京故宫面积的3倍。宫之四周设十座门,南五(中间承天门,东为长乐门、永青门,西为广运门、永安门),东一(通训门),西二(通明门、嘉猷门),

北二（玄武门、安礼门）。宫中建筑，按前朝后寝规范而设，显示出大国气度。宫中三大殿为太极殿、两仪殿、甘露殿，在南北中轴线上。两侧殿宇众多，有大吉殿、百福殿、武德殿、承庆殿、万春殿、立政殿、千秋殿、神龙殿、功臣殿、归真观、望云亭等，殿宇亭阁不胜枚举。宫中还有山石、池水、苑囿，规模宏大，气度不凡。

后来李世民（太宗）掌政，并为李渊（高祖）造了一座豪华的宫苑，位于长安城的东北。贞观八年（634年），宫殿建成，初名"永安宫"，次年改为大明宫。后来唐高宗李治因患风湿，觉得太极宫太潮湿，所以于龙朔二年（662年）对大明宫进行改建、扩建，然后皇宫就迁入大明宫。

大明宫位于唐长安城的东北，如今基址尚存。此宫地势较高，称"龙首高地"，这里干燥、凉爽，本是李世民为李渊所造的避暑宫苑。全宫基本上有一条南北之中轴线。最南端为丹凤门，向北有含元殿、宣政殿、紫宸殿，然后是御花园、太液池、蓬莱山等，北端为玄武门。大明宫主殿是含元殿，高大雄伟。此殿为大明宫的正殿，唐高宗李治迁宫后，这个殿就成了他的"金銮宝殿"。含元殿位于大明宫中轴线上，大明宫正门丹凤门向北610米处。整座建筑建于高高的龙首原上，并有3米多高的夯土台基。登上含元殿，向南俯瞰，是丹凤门内广场。

含元殿遗址至今尚在，还高出周围地面10余米。经勘测、查实，含元殿东西宽11间，南北进深4间。这座建筑的特点不只是大，更在于建筑两侧处理特别。在殿前方两侧相距约150米处，对称地建有翔鸾（东）、栖凤（西）两阁。高耸入云的两阁与大殿间用曲折的长廊相连，形成围护烘托主殿之作用，使殿宇更为辉煌。

含元殿前有三条长达75米的"龙尾道"，自地面直升大殿。中间的一条龙尾道宽达25米，两侧的略狭一点。整个龙尾道坡度拉得很长，自殿下仰视整个宫殿，宛如在天上云端，显现出大唐鼎盛的雄姿。

麟德殿不在宫的中轴线上，而是位于太液池西侧的高地上。这里是唐朝皇帝赐宴群臣、大臣奏事、藩臣朝见的地方。整个殿

大明宫复原图

宇有前、中、后三座殿堂组合而成，平面进深为前殿四间，中殿四间，后殿三间，面阔均为九间。此建筑因为是三殿并接，所以深度大于宽度，殿深83.5米，宽58.5米，其总面积约5000平方米，是北京故宫中太和殿的3倍。在殿的周围，绕有一圈回廊，廊阔3米余。在殿的两侧，东为郁仪楼，西为结邻楼。楼之前还有东、西两亭。

兴庆宫坐落在唐长安城东春明门内。这是一座供皇家使用的宅邸，原是唐玄宗为太子时的住地。后来他登基当了皇帝，次年便立名为兴庆宫。宫的正门朝西，即兴庆门。宫内多设山石、池水、林木、花卉，因此可以说是一座园林。宫中以牡丹花最有名。

隋唐、五代的住宅

隋、唐、五代时期的居住建筑，如今早已不存，但在一些文献资料和文艺作品中，却也留下了不少痕迹。如隋代著名画家展子虔的作品《游春图》，画中把住宅设在风景秀美的山水环境中。唐代诗人兼画家王维有山水画《雪溪图》，描绘的也是这种住宅及其环境。后来我国山水画大都以这种环境为题材，而且绘出这种居住建筑形式。

王维有诗《辋川闲居赠裴秀才迪》："寒山转苍翠，秋水日潺湲。倚杖柴门外，临风听暮蝉。渡头余落日，墟里上孤烟。复值接舆醉，狂歌五柳前。"充分表现出当时的理想的居住环境。

隋、唐、五代的宗教建筑

1. 佛寺

位于山西五台山的南禅寺，其中的大殿建于唐建中三年（782年），其结构部分是当时之原物，至今已有1200余年了。这座建筑规模不大，面阔三间，进深亦三间。从形式上来说（单檐歇山屋顶），不仅是典型的唐代建筑形式，而且比例得当，繁简得体，在我国古代建筑艺术上也是很可贵的。另一座唐代佛寺是山西五台山的佛光寺。全寺有殿堂楼阁210余间。佛光寺始建于魏孝文帝时期，现存的大殿是唐大中11年（857年）所建之原物。大殿面

五台山的南禅寺

阔七间，进深四间，单檐庑殿屋顶，殿内斗拱硕大，出檐深远，装饰简约，比例协调，表现出典型的大唐建筑风格。寺内还有一座建筑文殊殿，今存之建筑为金代天会十五年（1137年）所建之原物，用"减柱法"，既节省了木料，又使殿内空间宽敞。这种形式多为金、元时期之做法。

2. 佛塔

隋、唐、五代时期的佛塔，留存至今的较多。这里介绍几座有代表性的佛塔：山东历城的神通寺四门塔，陕西西安的大雁塔和小雁塔，云南大理的千寻塔及南京栖霞山的舍利塔。

山东历城位于济南东北，神通寺四门塔为方形平面的单层塔。塔顶用大量的叠涩，较似印度古代的佛教建筑风格。内有东魏武定二年（554年）造像题记，因此以为东魏之物；后来在塔内发现建塔之记，才认定为隋大业七年（611年）所建。此塔平面方形，四面设圆拱门，所以称其为"四门塔"。

位于今陕西省西安市雁塔路的大雁塔，其正式塔名叫"慈恩寺塔"，此塔高7层，为64米，平面方形，底层每边24米。大雁塔建于唐永徽三年（公元652年）。当时著名僧人玄奘为保护从印度带回的经籍，由唐高宗资助，在慈恩寺内建造此塔。初建时为砖身土心，平面方形，共5层。8世纪初，改用青砖楼阁式，共7层。唐大历年间又改为10层，但因战乱，只留下7层。到了明代，此塔又遭破坏，于是便在其外表加砌面砖予以保护。

今西安的另一座著名佛塔是小雁塔，其正式名为"荐福寺塔"。此塔建于唐中宗景龙年间（8世纪初），是藏经之塔。小雁塔的平面亦为正方形，建塔时为15层，明代大地震时倒掉顶上2层，现为13层。塔高43米（残高），砖砌密檐式，中空，有木楼层。塔的外形呈抛物线形状。

龙门石窟

位于云南大理的崇圣寺塔，共三座塔。主塔称千寻塔，另两座分别叫南塔和北塔。千寻塔建于南诏保和年间（824—839年）。此塔为密檐式，平面正方形，塔高69米，16层。塔内发现许多唐、宋时期的珍贵文物，这说明当时南诏国与唐交往甚密。

栖霞山舍利塔位于南京栖霞山麓。它创建于隋代仁寿二年（602年），现存之塔为南唐（937～975年）时重建。此塔共5层，八角，高15米，是我国古代楼阁式密檐式塔中形态较好的一座。塔身上刻着许多浮雕，题材丰富多样，有海浪、鱼、蟹、龙、凤和石榴等，还有"释迦八相"，即四大天王、文殊、普贤菩萨和飞天供养人。

3. 石窟

隋、唐、五代的石窟多为魏晋南北朝所凿诸石窟的基础上加凿的。如洛阳的龙门石窟，其中奉先寺就是唐代所开凿的。此寺是唐高宗咸亨三年（672年）开凿的，上元二年（675年）完成。奉先寺为龙门石窟造像艺术中的杰作。本尊卢舍那大佛高17.17米，头高4米，佛像面容丰满秀丽，眼神含蓄宁静，姿态端庄肃穆，衣纹简洁流畅，可谓形神兼备。佛的两边侍立二弟子，迦叶严谨持重，阿难温顺虔诚。其他雕像，也均风采动人，极具个性。

4. 道教建筑

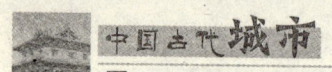

道教起源于东汉后期，魏晋南北朝时期得到较快的发展。唐宋时期在统治者的推崇和扶持下，得到了全面的发展。但当时的道教宫观建筑，如今已基本无存。在此介绍一些隋、唐、五代较有名的道教宫观。

北京的白云观，创建于唐代，最初叫天长观，是我国最早的道教宫观之一。据《再修天长观碑略》中说，唐玄宗为"离心敬道"，奉祀老子，建此观。唐开元十年（722年）建，至今已有1200余年了。今观中珍藏着一尊汉白玉刻老君像，就是当时观中所奉祀的老君圣像。今之白云观基本上仍保持唐代时的格局，但其建筑已多次重建，如今的建筑已为明清时所建之物。

抱朴道院，位于杭州西湖北端的葛岭之上。这是为纪念东晋的葛洪而建。葛洪（284～364年），号抱朴子，是我国道教的重要人物。唐朝时，为了纪念葛洪，便在杭州西湖北首山上建抱朴道院，此山亦名为葛岭。最初，抱朴道院的建筑是唐代修建的葛仙祠，祠内有初阳台石亭、初阳山房等建筑。元代时，葛仙祠毁于战火，明代重建，改称"玛瑙山居"，后又改称"抱朴道院"。今之建筑为清代之物。

青羊宫，位于四川成都市西南。此宫创建于唐代。唐朝末年，黄巢起义，唐僖宗逃奔蜀地，曾于此为行宫。后来回长安，曾下诏改"青羊观"为"青羊宫"。宫内建筑中轴线对称布局。自宫门入，里面有玉皇殿、混元殿、八卦亭、三清殿、斗姆殿、唐王殿等。这些建筑虽然为中轴线对称布局，但建筑环境充满生机，不但有名贵树木，还有许多盆景，具有良好的生态环境。

知识链接

龙门石窟

龙门石窟开凿于魏孝文帝迁都洛阳之际（公元493年），之后历经东魏、西魏、北齐、隋、唐、五代、宋等朝代400余年的营造，其中北魏和唐代大规模营建有140多年，从而形成了南北长达1公里、具有2300余座窟龛、10万余尊造像、2800余块碑刻题记的石窟遗存。在龙门的所有洞窟中，北魏洞窟约占30%，唐代占60%，其他朝代仅占10%。龙门石窟中最大的佛像卢舍那大佛，通高17.14米，头高4米，耳长1.9米；最小的佛像在莲花洞中，每个只有2厘米，称为微雕。

第二节 隋唐主要城市

扬州与益州

这一时期，地方城市亦得以长足发展，而以扬州、益州等最为繁盛，时人称"扬一益二"。

1. 扬州城

扬州城位于今江苏扬州市区及北郊一带。春秋末期，吴国于北郊蜀岗兴筑邗城为其建城之始，汉代以后称广陵，隋唐以后置扬州。隋代新开通的运河与长江交汇于此，东距当时的长江入海口 200 余里。交通的便利促使扬州城迅速发展，惟隋唐以前旧迹已难寻觅。

20 世纪 40 年代，日本人安藤更生曾来此考察，写出《唐宋时期扬州城研究》，并绘制《扬州遗迹参考图》。50 年代以来，南京博物院等又多次对城址进行调查发掘。自 1986 年起，中国社会科学院考古研究所、南京博物院、扬州市文化局联合组成扬州城考古队，由蒋忠义等主持，再次对其做了全面勘察和发掘，使唐宋扬州城原貌得以完整揭示。

隋时因蜀岗上原广陵城旧址而筑江都宫，唐代相沿而居官署，与蜀岗下所筑罗城相对而称"牙城"或"子城"。其北垣长 2050 米、东垣长 1500 米、南垣长 1900 米、西垣长 1400 米。除南垣有近 4 米厚的夯土墙保存于地面以下外，其余三面城墙均残存于地面之上，高 5～10 米，宽约 9 米。城墙最下层为汉代夯土，其上为六朝时期修补的夯土，再上为隋唐时期修葺的夯土墙体，外包砌城砖。西南角、西北角和东北角都保存有很高的角楼基础。已探出南门和东门，与其相对应的北垣、西垣各有城墙缺口，当为北门和西门所在。南门为三个门道，门址内外两侧均凸出城墙，内侧可能有马道设置。门脸包砖，门楼建在砖土墩台上，周围有 2 米多厚的砖瓦堆积层。其在隋代当称江都门、行台门，唐代称中书门，五代称天兴门。连接城门的东西向街长 1860 米、宽 11 米，南北向街长约 1400 米、宽 10 米，相互交叉呈十字形，交叉口路面宽 22 米。南宋初年，沿用此城西垣、南垣和北垣西段，另筑北垣东段及东垣而成"堡寨城"，西垣长 1400 米、北垣长 1100 米、东垣长 1200 米、南垣长 1300 米、周长 5000 米，亦四面设门而以十字街相连。后在宝祐年间又予重修而称宝祐城。

罗城在蜀岗下，仅北垣尚保留一段高约 2 米的地面城墙遗迹，其余城墙遗迹断续残存于地面之下。城址平面呈长方形，东西长 3120 米、南北长 4200 米（罗城南垣至子城北垣长 6030 米）。北垣起自子城东南角，至罗城东北角长 1470 米；东垣长 4200 米；南垣长 3100 米；西垣北接子城西垣，长 4100 米，城外有护城河。西垣南段城墙夯土下压有唐代早期地层，上有宋代堆积层，可判知其修筑于唐代中晚期，废于五代末。探出城门八座，即西垣两门、南垣三门、东垣两门、北垣一门。依西垣城门之间距离为 1000 米推测，北门与南门之间还应有两座城门。与此相对应，东垣亦应设四座城门。东垣北门与西垣北门为三个门道，其余为一个门道。西垣南门外围筑方形瓮城，瓮城南北长 158 米、东西宽 145 米。东垣中南段城门（东关）亦筑瓮城，沿用至宋代更演为双瓮城结构。城内探出南北向路三条、东西向路两条，均与城门相连。探出古河道四条。西部南北向河道大致在保障河一线；中部南北向河道大致在汶河路一线，即纵贯扬州城的运河，亦称官河，宋明时称市河。北部东西向河道即蜀岗下浊河及其与官河交汇后南流东折的邗沟，中部东西向河道在小市桥（又称宵市桥）南侧一线。东垣外运河为唐代后期所开通。与河道相连的水门探出五座，西、北、东三面各一座，南垣两座。

另在南垣西门以西 30 米处发现排水涵洞遗迹，为圆券顶长条形隧道，残长 12 米、宽 1.8 米、高 2.2 米，内置栅栏、隔板等防御设施，北与城内排水沟连接，南与护城河相通。街道与河道相交处架桥通过。

在石塔寺、文昌阁一带发现一座唐代木桥遗迹，清理出桥桩 33 根，排成六列，当为五跨木桥，长 34 米以上，宽约 7 米，中孔最大跨度达 8 米，横跨在南北流向的古河道上，桥水面跨度近 30 米。其地临汶河路，故所跨古河道当即官河。又据有关记载可推知，此桥在唐代称顾家桥，为著名的"二十四桥"之一。晚唐诗人杜牧作《寄扬州韩绰判官》云："二十四桥明月夜，玉人何处教吹箫。"依沈括《梦溪笔谈·补笔谈》所记，其"二十四桥"，当指架于浊河上的茶园桥、大明桥（二桥在西水门外）、九曲桥、下马桥、作坊

扬州城遗址

桥，架于官河上的洗马桥、驿桥、阿师桥、周家桥、小市桥、广济桥、新桥、开明桥、顾家桥、通泗桥、太平桥、利园桥、万岁桥、青园桥（后二桥在南水门外），以及架于邗沟上的参佐桥、山光桥（在东水门外）等。另有三桥佚名，很可能一在官河上，一在邗沟上，一在东水门外。如此，则城外6座，城内18座。其中跨官河的东西向桥十三座，间距300~400米；跨浊河及邗沟的南北向桥五座，间距450~500米。通于桥上的13条东西向街和4条南北向街（九曲桥附近有九曲池遗迹，无南北向街相连）纵横交叉，将罗城内划分成60余坊。西部南北向河道有北三桥、中三桥、南三桥，号九桥，不通船，不在二十四桥之数。

在南三桥及九曲桥一带发现有寺院遗址。在南三桥、作坊桥及小市桥附近发现作坊和居住遗址。

在小市桥附近（今文昌阁广场东南）发掘一处唐代建筑基址，分早、中、晚三期，均坐北朝南，面阔三间、进深两间，后期略有扩大。早期建筑不用台基，极为简易，且出土有骨料、加工后的边角料、废品及磨制骨料的砺石，显然为一普通民居兼家庭手工业作坊。中期建筑台基，房前有天井和其他建筑遗存。后期建筑又加高台基，增辟西门等。出土有越窑、宜兴窑、洪州窑、寿州窑、长沙窑、巩县窑、邢窑、定窑等所产瓷器及铜钱、金块、皮囊壶，并伴出波斯孔雀蓝釉陶器、玻璃器皿等。由此推测，其中、后期极有可能已是外来商人乃至"胡商"寄居之所。据记载，唐代在小市桥附近置"小市"，在开明桥附近置"大市"，为集中交易之所，又有"十里长街市井连"之说。由此可见，这一时期扬州商贸业之鼎盛。

经唐末五代之乱，扬州城沦为废墟。后周时于故址东南隅筑城，称"周小城"；宋代沿用，称"宋大城"。经勘探可知，二者实为一城。其平面呈长方形，南垣、东垣沿用原城墙，北垣、西垣为新筑，除西北城角残高约10米外，四面城垣均无地面遗迹，而四周城壕依旧保存。北垣长2100米、基宽9.5米，西垣长2860米、基宽111.6米，南垣长2200米，东垣长2950米，周长1.011万米。城内南北向斜街与中部东西向街均沿用旧路，南北向市河即原官河南段，各连以城门或水门。

经发掘判知，其西门自五代至明代位置未变，四个时期的西门整齐有序地叠压在一起。五代西门门道长15米、宽5.7米，南北两侧各有一座马面，平面呈凹形。北宋早期沿用，只是抬高西门地面。北宋晚期将两座马面向西延伸而围筑瓮城，使平面呈凸状。城门洞壁用砖垒砌，不见任何木柱痕，推知为砖构券顶式门洞，是中国古代由木构过梁式方形城门向砖构券顶式城门转变的最早实例。南宋时期对西垣、城门及瓮城增厚加固，门洞两侧又加砌1米厚的墙壁，宽缩至3.7米。为抗拒金兵南下，相继修筑"堡寨城"和夹城，而呈三城并存的格局。夹城位于"宋大城"与"堡寨城"之间，城址所在高出附近地面1~3米，平面呈南北狭长的长方形。东、北、西三面墙外的坡势较陡峭，夯土墙宽5.3米，加上内外包砖，原墙基宽当在6米以上。北垣长450米、东垣长900米、南垣长380米、西垣长950米。四周城壕依旧存在，壕沟面宽达100米左右。城内有南北向街与东西向街相交叉，各连以城门，北门与"堡寨城"南门遥遥相对。东垣北端发现砖砌水涵洞遗址一处。南宋朝廷降元后，扬州守将李庭芝仍率军民孤垒抵抗，可表明宋三城的防御能力。元末，扬州城又遭兵火浩劫，"城中居民仅余十八家"。朱元璋截大城西南隅而筑城，后称旧城。嘉靖年间，为防倭寇又在东部增筑外城，称新城，由此而形成明清扬州城的格局。

2. 益州城

益州即成都，自战国时期张仪筑大城及少城，至隋代曾加扩筑，到唐代晚期又由西川节度使高骈主持增修罗城"周二十五里"，五代以后相沿。

20世纪80年代以来，成都市博物馆等先后在市区指挥街一带发现唐宋时期居住遗址，在明清城墙基下发现唐宋罗城门址及部分城垣遗迹。其门址位于四川成都市区西南部外南人民路135号，明清城墙下压有唐宋城墙，残高2.3米。1号门址在城墙遗址东南部，单门道，夯筑门墩外包砖，下垫卵石夯筑基础。门道宽6.6~6.7米，复原后的进深约为10米，路面中间平铺一层青砖，两侧为灰黑色硬面。门扉为木质，外包铁皮，置于门道中间，向内开启，宽6.2米、厚0.12~0.14米、残高0.16~0.67米。门扉两端外侧置对称的门框石，上凿长方形槽孔，用以镶嵌门框。门框石的内侧还有门砧石、门础石。门道内堆积有许多石灰片，有的外饰有红彩痕，表明门道内曾涂石灰，并施红彩。而砖块、石灰、条石等均有烟熏痕迹，表明此门系大火烧毁后封塞废弃。门扉被大火焚毁时，门道内的包砖、夯土塌陷，在高温下形成大量的红烧土堆积，门扉的最下部分因此得以保留轮廓。其边缘为铁皮、红烧土硬面，东半部的门钉横置其中；门

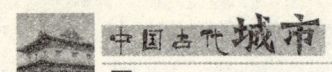

扉两端有圆形的枢窝痕迹，边周较光滑。

结合文献记载可推知，其当为罗城南垣西部笮桥门，封塞时间为北宋早期，并在其西北部6.6米处新开一门，即2号门址。2号门址亦为单门道，宽6.7~6.9米、进深残长8.1~9米。门道两侧各置一列基础石，础石靠门道的一边凿有长方形柱洞，左右对称，排列规整，可知其门为两壁立排叉柱的过梁式建筑。外侧有一列砖墙，可能是瓮城的始端。门道路面呈灰褐色，中部铺垫有砖、卵石，经长期碾压而十分坚硬，并留下车辙印迹。门址上叠压有明清城墙包砖基础等遗迹，当废止于明以前。除此之外，在羊皮坝街、新南门王家坝街等处明清城南垣，青安街、天仙桥南街、东安南街等处明清城东垣，中同仁路、上同仁路、通锦桥西城角边街等处明清城西垣，墙基下均叠压有唐宋时期城垣遗迹。宋城几乎是重叠于唐罗城之上，明清城墙位置稍有变化，只是有的地方交错移位，整个城址范围仍是"因宋元之城而筑"。其南临南河、东临府河、西临西郊河，各随河流之势而折曲延伸，城墙有一定弧度。明清城北垣临近府河，虽未经发掘，亦可大致判定是相沿于唐罗城北垣。

南诏大理诸城

1. 巄屿图山城

唐初在西南地区原存"六诏"，其中蒙舍诏即南诏居最南面，位于今云南巍山县境。

1959年，云南省博物馆曾对巍山县西北约17公里的巄屿图山城进行试掘，得知城址东西长35米、南北宽17米，发现南诏有字瓦、瓦当、滴水、鸱吻、花砖、柱础等。1991—1993年间，又在此对过厅式建筑及佛塔塔基进行发掘，出土有字瓦、花砖及红砂石石雕佛像等。或以其为南诏的发祥地和早期王都所在，或以其为六诏并存时期蒙嶲诏之邑，而蒙舍诏当在蒙嶲诏之南。

巍山县庙街乡古城村东有一古城。据张楠实地踏勘，城址呈正方形，边长90米。城墙用土夯筑，东南面保存较好，残高3米。北部残存一方形土台，高约2米，面积约400平方米，与南垣城门遥相对应。其位于巄屿图山城之南，很可能为蒙舍诏之城。

2. 太和城

开元年间，蒙舍诏兼并五诏，建南诏国，以太和城为都，至大历末，前后共40余年。

其城址位于今云南大理东南约7.5公里太和村西点苍山坡上。蛮语"和"之意为山坡，"太和"即因城建于山坡上而得名。20世纪60年代以来，云南省博物馆等曾多次派人来此考察。其西倚点苍山、东临洱海，今存南北两道城墙，二者相距约1200米，南垣长3350米、北垣长3325米。城墙为夯土筑成，北垣西部保存较好，残高约3米，宽约2米。西北部与北垣西段相连有一小城，作不规则圆形，周长约1000米，城内有土台遗迹。小城之东今存阁罗凤所立"南诏德化碑"。

崇圣寺三塔

3. 阳苴咩城

大历末年，南诏迁都阳苴咩城。唐末，郑氏灭南诏，建大长和国；五代时，又相继有赵氏建大天兴国、杨氏建大义宁国及段氏建大理国，均以此为都。至南宋末，元灭大理，设大理路军民总管府。城址在今云南大理市区及郊区，于梅溪南岸尚存城垣遗迹，西起点苍山中和峰麓，东至大理旧城（明初营筑）西北角。城墙断断续续以石块及土垒成，长约1000米，残高4~5米，基宽6~8米，顶宽1米。在旧城西二里三月街广场今存"元世祖平云南碑"。1939年，中央研究院历史语言研究所吴金鼎等曾对旧大理城南的五华楼故址及弘圣寺遗址等加以考察。1964年，云南省博物馆又对残存城垣遗迹及旧城西北崇圣寺遗址（今存三塔）等进行调查，并在旧大理城北五里桥附近发现一东西向的城墙遗迹。

4. 拓东城

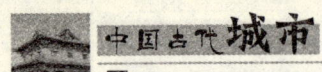

南诏时期曾破西爨，筑拓东城。据李家瑞考察，拓东城应在今云南昆明城南，地跨盘龙江两岸，北至今长春路附近，南至今碧路附近。这一带今存东寺塔、西寺塔及经幢等，均为南诏大理时期遗存。

5. 西山坝城址

今腾冲县西约 2 公里西山坝缓坡上存一城址，经云南省文物考古研究所等于 1994—1996 年间三次勘察，探明其小城平面近正方形，周长 860 米，面积 4.6 万平方米。外套一大城，面积 25 万余平方米。城墙为夯土所筑，残高近 3 米。城中有道路，最宽者 20 米，路面铺火山石。城内外发现建筑遗址 10 处。其当为南诏、大理国边陲重镇。

此外，经考古调查的南诏大理时期城址还有大理市境内的大厘城、龙口城、龙尾城、三阳城，洱源县境的德源城、三营古城，弥渡县境的白崖城等。

综上可知，这一时期从国都到府州县城多实行里坊制，规划整齐。隋都大兴城规模宏伟，虽有鉴于北魏洛阳城扩建外郭城所成之制，但也体现出统治者一统天下的勃勃雄心。唐都长安城予以全盘继承，而又加筑大明宫等，同样表明了这一点。唐代长安城繁盛空前，充分显示了其作为大国盛世之都的泱泱风貌。就规划设计而言，比照《周礼》所记"面朝后市"，虽有所变通，然以宫城居中及确立南北向中轴线等，应该说从总体上仍是遵循于传统礼制。其布局方法为渤海乃至日本国都有所仿效，足见影响之大。

唐朝的州市、县市及草市

由于唐朝统治阶级内部腐朽势力在和平环境中不断增长，到中期玄宗天宝以后（742—820 年），官僚、地主大量兼并土地，废弃了均田制，庄田制成为地主占有土地的形式。加之遭受延续 8 年的安史之乱，农民破产流亡，户口减少，农业生产下降，国势趋衰。这时农业生产虽然不振，然而手工业生产却是进步的。除官营的宫廷服饰、用具以及军用物品以外，私营手工业出现了许多行业和新技术。例如织缍业，许多劳动妇女都会做，几乎普遍成

第五章 隋唐五代的城市

为农家的一种副业，绢帛和粮食同为社会的基本财富。染色业出现了印花技术。矿冶业有铜、铁、金、银、铅、锡。盐税、茶税、酒税和矿冶税，都是朝廷的重要收入。制瓷业也特别发达，瓷器既在国内普遍使用，又是对外贸易的重要出口商品。磨面业有了水力磨。制糖业也发展起来。因广泛使用印刷品，印刷业有了进步。造纸业发展了多种用途的纸张。造船业在水上交通和商业贸易发达的情况下，也非常兴旺。手工业的进步和发达，远远超过了以往的任何朝代。

手工业推动了商业的发展。德宗（李适）建中元年（780年），改租庸调为两税法，人民纳税都要用货币，农民必须变卖粮食实物，也促进了买卖交易。商人以贱买贵卖发财，大商人还兼营高利贷和柜房、质库（类似当铺），加上水陆交通便利，商业呈现出空前的繁荣，从两京到州、县以至乡村，出现了多层次的商市，各级城市的经济功能更为显著了。

两京以外，最大最繁华的州市要数扬州。它是运河连接长江的水运枢纽，江淮地区的漕米、海盐、茶叶，先集中在这里，再运往关中和北方，是全国最富饶的商业都市。玄宗天宝元年（742年），约有人口47万，仅居住在这里的阿拉伯商人就有5000多人。扬州还是对外的通商口岸，设有市泊使，管理出入港口的中外船只。鉴真和尚就是天宝末年从这里东渡日本的。

唐代扬州城的规模也是很大的，其中子城是扬州大都督府和其他官衙的集中地，也是原先隋炀帝的宫城所在。子城下面的罗城范围较大，是商业和居住的地区，唐人张祜诗句有"十里长街市井连"的形容。但到唐朝末年，扬州在战乱中就被毁坏了。第二大州市是成都，其他还有汴州（今河南省开封市）、荆州（今湖北省江陵县）、洪州（今江西省南昌市）、楚州（今江苏省淮安市）、明州（今浙江省宁波市），都是繁华的州市。

州市以下有县市（县城设的商市），县市以下有草市，草市是离州、县城较远，在交通便利的地点所设的乡村集市，在北方叫集，在岭南叫墟市，在西蜀叫亥市。这是在社会生产力发展的基础上出现的自然经济市场，也是唐朝经济发达的一个标志。

知识链接

扬州城遗址

扬州城遗址位于江苏省扬州市西北蜀岗上，总面积约16平方公里，是我国保存最好的古城遗址之一。扬州建城历史悠久，春秋时期吴王夫差最早在这里修建邗城，此后历代相继修筑，到隋唐时期成为仅次于京城的繁华商业城市。长期的历史发展造成了扬州城遗址相互叠压，其中以隋代、唐代和宋代城址保存较为完好。据史料记载，隋炀帝十分喜爱扬州，因而不仅修建运河直通扬州，还在这里修建了华丽的宫殿。根据考古发掘，隋代扬州城是在前代广陵城的基础上修建的，现存遗址包括宫城、都城以及附近的罗城。

第六章

宋元时期的城市发展

　　宋代，封闭性的市坊制度正式宣告崩溃。北宋都城汴京，商业区"市"与居民区"坊"已没有严明界限，到北宋中期，汴京的街路变迁，已完成了从坊内店肆——临街店肆侵街店肆——夹街店肆的演变过程。宋元时期，我们根据对手工业区，以及湾市等市场的记载，似乎也可寻觅到宋元古代城市坊制度的发展线索及坊街演变的发展过程，再现宋元时期城市的繁华面貌。

第一节
两宋的城市与建筑

北宋汴梁

北宋（960—1127年）定都汴梁，又称东京（当时称洛阳为西京），即今之开封市。汴梁设三层套环式城墙，最中心的为皇城，是皇帝朝政、生活的地方，也是中央机构所在地。正门叫丹凤门，门上建宣德楼，高大华丽，反映出大国气度。北宋的东京十分繁华，内城除各级衙署外，其余住宅、商店、酒楼、寺院、道观、庙宇等不胜枚举。据宋孟元老的《东京梦华录》记载，这里的许多金银珠宝店、绫罗绸缎店等，都是高楼广宇，而且买卖兴旺，"每一交易，动即千万"。这里的酒楼，光是大型的"正店"就达72家，小的更是不计其数。酒楼门口，扎缚彩楼欢门，作为其行业的标志。最有名的酒楼"樊楼"是一组三层楼的建筑群，五座楼房各有飞桥相通，造型美观别致。

东京外城高约13.3米，上有女墙，高约2.3米。外层共有城门13座，三道城墙均有城壕。外城的城门除东、南、西、北四门为四条御路通道外，其余城门都有瓮门三层，屈曲开门，以备城防之需。外城水门，据考证达9座。水门均设铁裹闸门。道路是以宫城为中心放射式与方格式相结合的路网系统，大道正对各城门，形成"井"字方格路网，次一级的道路也是方格形的。主要干道称御路，共四条：一自宫城宣德门，经朱雀门至南熏门；二自州桥向西，经旧郑门到新郑门；三自州桥向东，经旧宋门到新宋门；四自宫城东土市子向北，经旧封丘门到新封丘门。东京城内河道十分有序。城内和四周有四条河道：汴河、蔡河、五丈河、金水河，都与护城河连通。其中汴河横穿

第六章 宋元时期的城市发展

北宋都城遗迹

城的东西,是城市的主要水上交通线,商业贸易等相当发达。金水河通大内,为宫中用水之源。

汴梁的街市,从"市"的意义来说,是我国古代最繁华、发达的。当时的街,取消了唐代的坊里制。唐代长安及其他都市各坊均设门,有人把守,按时启闭。到了宋代,坊里之名虽然仍保留,但已无分隔,不再设门。宋代汴梁的商业区分布较广,沿街设店设摊,甚至延伸至城外,还有边走边卖的,商业气氛十分浓厚。

南宋临安

南宋(1127—1279年)定都临安,即今之杭州。临安原叫杭州、钱塘,五代十国时是吴越国的都城。后来北宋统一中国,定都东京(汴梁)。公元1126年,"靖康之变",宋室南渡,定都临安,这里变成当时世界上的特大城市,人口超过100万人。城市扩建,并加固城郭。据宋吴自牧著《梦粱录》所记:"诸城壁各高三丈余,横阔丈余。禁约严切,人不敢登,犯者准条治罪。"城四周共有13座城门：东便门、候潮门、保安门、新门、崇新门、东青门、艮山门、钱湖门、涌金门、清波门、钱塘门、嘉会门、余杭门。

临安作为都城，比较特别：一是它不规则，不对称，依山、湖、江而成形；二是皇宫位置在城的最南端，皇宫之北为都城，似乎比较别扭；三是皇宫、太庙及其他官署

杭州古城墙

位置也十分杂乱，没有规则。这也许出于"临时安顿"，暂时将就，不甚讲究。皇宫官署在城南的凤凰山麓。东麓是皇宫，其北是三省六部、枢密院等。屋宇高大轩昂，较有气派。云锦桥和三省六部的官府大院相对，故此桥称"六部桥"，今之桥仍是当时之原物。北面清河坊是御史台（司法机关）。

皇宫和宁门外向北，直至武林门中正桥，为临安的南北向主要街道，称御道，又叫"杭城天街"。街面用石板铺成，两边砖石砌出沟渠，为排水系统。沟渠边上植桃李等，春天花开满树，美不胜收。路的中间只能皇帝通行，平民百姓只能走沟渠外面的路。

临安城内布局较有规则，也很有气派。街道河巷也比较有秩序。在街道河巷的网络之间，分设9厢80余坊。"坊"是城的内部结构的一个基本单元，四周有高墙，与外界联系出入有门2~4个，坊内有十字交叉的两条大路，然后是小路，称"巷"（又叫"曲"），宅的入口就在巷内。

南宋平江

南宋的平江，即今之苏州。"南宋平江府治图"，即南宋时的苏州地图。此图很珍贵，是南宋时所刻之原物。从图中可知，这座城市是一座十分规则的矩形（南北略长）城市。此城共设5个城门，还设水门，城墙外面设护城河。这是一座很典型的南宋时期的府城，城市道路呈方格网，还有许多与街道平行的河道，河上设桥，是一座典型的江南水乡城市。城市的中央有子城，为平江府治所在。子城内有六个部分：府院、厅司、兵营、住宅、库房及大

花园。

苏州是一座文化发达的城市，城中有游乐场所。最典型的是位于城西南的百花洲，这是一处以花卉林木、小桥流水、亭台楼阁构景的名胜之地。从这里可以看出当时由于经济发达，人们已有丰富的文化生活内容了。图中还标出韩园（沧浪亭）、南园等园囿。江南园林形态此时初现雏形。图中还划出139座寺观，还有几座佛塔及孔庙等。这说明此时我国古代城市的政治、军事、经济、文化诸方面格局已基本定型。

北宋的宫殿

北宋都城汴梁的宫殿（大内），本是唐代汴州节度使之治所，于宋初建隆四年（963年）修建、扩建。宫城位于内城的中间（略偏西北），南面有城门三座，其余三面各设城门一座。南面中间为丹凤门，下设5个门洞，城上之楼曰"宣德楼"。宫城东西两面为东华门、西华门，背面为玄武门（又叫"拱宸门"）。

丹凤门内为中央机构所在地，其中有都堂、尚书省、中书省、枢密院、明堂等。在这一区域中，高官可骑马行进其间。各衙署供应午餐，因此设厨房。仅尚书省的厨房就有房屋百间。过了东华门、西华门过道，至宝文阁后夹道，便是宋朝皇帝办理政事及举行仪式等的地方。其中东华门内横门本名"左承天门"，宋真宗时在此屋顶上出现"天书"，故将此门改为"左承天祥符门"。

大庆殿是举行大典的地方，殿阔9间，庭中有钟、鼓楼。院子很大，可容万人。节日、大典或接见外国使臣都在这里举行仪式。据记载，当时排列在院中的仪仗队达5000余人，其规模可想而知。

大庆殿之西有文德殿（又名"正衙殿"），是宋朝皇帝日常上朝与大臣议事之所。大庆殿后有紫宸殿，规模不大，在此举行小型会议及接见一般的外国来使。殿西有集英殿，是设御宴和试举人之处。殿旁有垂拱殿，与后宫的几个寝殿正对，形成一条轴线。

南宋的宫殿

南宋都城临安，其皇宫设在城南凤凰山之东麓。这里原来是吴越国的子城，南宋建炎元年（1127年）改为宫城，城周围4.5千米，称南内。宫城南为丽正门，北为和宁门，其规模要比北宋汴梁的宫城小。正朝只有两座殿堂，轮番使用。

大庆殿两侧有朵殿，西面名垂拱殿，是日朝之处。此外还有复古殿、福宁殿、缉熙殿、嘉明殿、勤政殿等，在此不再详说。

南宋临安的宫殿，较有名的是望仙桥东的德寿宫。这一处宫殿，规模宏大，富丽堂皇，是南宋高宗、孝宗诸帝退居养老之地。后来这里御赐为秦桧的第宅。秦桧入居后，便大兴土木，营造房屋达19年之久。里面楼堂亭榭，数不胜数，而且都是高大宏丽之建筑，可以说是当时杭州城中首屈一指的。宋高宗曾数次前往，并为宅内的楼阁题"一德格天"的匾额。

绍兴二十五年（1155年），秦桧病死，此第宅还给皇帝。宋高宗将此宅改为宫殿，以备退位之后居住。绍兴三十二年（1162年）六月改建成功，命名"德寿宫"。孝宗即位，高宗为太上皇，居住在德寿宫。

德寿宫正门位于宫之南，门外有百官漏院。殿堂楼阁多集中于南部，后面为花园。园内有大水池，从清波门外引西湖水注入，其上叠石为山，又按四季划成四部分，园内遍植奇花异草。又建冷泉堂、聚远楼等。

德寿宫之形制和规模，可与凤凰山下宋皇宫媲美，当时人称此为"北大内"。后来宋孝宗退位也居于此，并改名为"重华宫"。绍熙五年（1194年）孝宗去世，遗诏改名为"慈福宫"，由高宗后吴氏、孝宗后谢氏居住。宁宗庆元二年（1196年）又改名为"慈寿宫"。开禧二年（1206年）宫殿遭火灾，后来便荒芜了。咸淳四年（1286年），改建为"宗阳宫"。

第二节
元代的城市发展

元代城市的综合发展

元朝是蒙古族创建的。由于蒙古草原与中原是中华大地上从自然景观到社会生产都大相径庭的农耕区和游牧区，蒙古族原来赖以生存和发展的游牧经济基础上形成的文化与中原不同。蒙古族建元朝之始并未认识到农业的重要性，当初甚至有改农田为牧场之议，但因考虑钱粮为立国之需，才重视农业。元代农业、手工业技术有所提高，但整体发展速度缓慢，只有种棉和纺织技术推广超过前代。元代全国总人口最多时为8000多万人。

元代经济社会发展的突出成就是：交通运输超越前代；南北运河全线开通；国内近海航线开辟。陆路交通方面，通称站赤制度，在蒙古地为站赤，在汉地为驿站，一直到西藏，全面设置，东西南北，脉络相通。元代海外贸易超过宋代，中国商人所到达亚非沿海国家和地区达67个之多。外国商人到中国来的数量增多，经济文化交流程度也空前加强，元朝与亚、非、欧国家均有经济、文化交往。印刷术、火药武器制造技术发展迅速，以元曲为代表的中国古典文学艺术达到一个新的高峰。阿拉伯、波斯的天文、医学新成就传入中国。

元代是一个比较开放的时代，全国最大的城市多数是全国最大的商业城市，最繁华的港口城市是泉州。

元大都

元大都是个开放城市,故获得西方人的一个俗称"汗八里",即汗城。元大都城内共 50 坊,10 万户,市集 30 多处,钟鼓楼是全市商业活动中心。

元大都城市的规划设计:元大都并没有沿袭金中都城的位置,而是营建于金中都的东北郊,由元世祖建立元朝封建体制的谋士、汉人学者刘秉忠规划设计。城市形制为三套方城,分外城、皇城及宫城。外城呈长方形,东西宽 6635 米,南北长 7400 米,周长 28.7 千米。皇城周长 10 千米。宫城为最里一层,在整个大都的中轴线上。其都城形象完全不囿于蒙古汗国传统,而是中原封建王朝沿袭的儒家"居中不偏"、"不正不威"、"至高无上"的皇权象征。这是用都城布局、功能、建筑环境烘托的皇权象征。

中国城市史延续到宋代,城市形态及其功能都已经发生重大变化,特别是开封的规划建设,已突破只重视城市的政治中心功能的局限,而开始全面重视城市交通、设施、居民生活、商业活动的需要。元代,本应沿着这一方向发展,但因为元代统治者是蒙古游牧民族,他们的社会生产和生活方式局限了他们的眼光,他们灭掉南宋,也局限了他们对宋代经济社会发展的认识,更局限了他们所利用的汉族文人的认识,他们只能向宋代以前的中国历史和文化去寻找范式。元世祖所崇敬的是唐代文化,利用汉族文人,再一次把北京城的规划建设拉回到"匠人营国,方九里,旁三门,国中九经九纬,经涂九轨,左祖

元大都遗址公园的雕塑

右社，前朝后市"的模式中去，由此而在明、清的北京延续下去。

由于北京的区位优势，南北大运河和海上交通的发展，又在客观上促进了北京的发展，为元大都从此取代长安、洛阳、开封等古都的地位，成为中国统一的多民族国家的政治中心提供了经济社会基础。总之，对元大都的历史认识要从两方面理解，一方面，元大都本身其规划设计是一流水平；另一方面，元代都城发展、规划所反映出来的是中国城市历史的一个曲折。

元大都的经济社会生活取决于如下因素：

第一，取决于国家性质。元朝是一个多民族国家，元朝统治的实质是蒙古贵族及其他各族封建主对各族劳动人民的分级压迫。它以蒙古族为国族，将国内民族分为4等：蒙古人、色目人、汉人、南人，进行严重的民族压迫。

第二，取决于其封建国家体制。元朝建立的是封建中央集权的封建体制。具体设计这一体制者，是经元世祖指定的汉人刘秉忠和许衡，由他们考定前代典式，在中央设立中书省、枢密院、御史台，分管政、军、监察职事，长官分别为左右丞相、知枢密事、御史大夫等。

第三，取决于行政制度。作为国家都城，它的发展在很大程度上取决于行政制度，这一点在元代很突出，因为元代规定，大都及其所在地区为"腹里"。具体行政管理制度是：元朝首创行中书省制度。在中央设置中书省，作为全国最高行政机构，大都和它的邻近地区划归中书省直接管辖，称为"腹里"。"腹里"之外是10个行中书省：岭北、辽阳、河南、陕西、四川、甘肃、云南、江浙、江西和湖广。行中书省为皇帝派出机构。地方行政大致分为行省、路、府、州、县5级。由此可知，"腹里"地位很高，在经济和建设方面可以得到国家保证。

第四，取决于交通。元朝疆域大于以往任何朝代，北面越过阴山而到达西伯利亚，西面到达大沙漠尽头，东至辽东，南至南海，西南到达西藏。元代把沟通全国的站赤制度推行到国力所及的一切地方，西南一直到西藏的萨迦。蒙古境内称站赤，属通政院；汉地称驿站，西藏也称驿站，属兵部。以大都为核心，全国范围内共修驿站1300多处，并有水、陆、海站等。

在上述基本因素保证下，元大都的经济社会生活最基本的保证是来自全国。

元大都所用粮食是经运河河运和海运运来。海运最多时年达352万石，

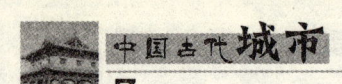

河运年达 500 万石。

大都的官营手工业工匠征役于全国各地,并迁入 10 万工匠于大都,建立 70 多个局院,设置众多生产作坊。在燕南、燕北聚集冶铁工匠 3 万多人,年冶铁 800 余万千克。

大都城内设有"三百六十行"商业服务业,并设专门集市 30 余处。

大都及其附近地区作为"腹里","腹里"的城镇包括大都及其周围约 200 座大小不等城镇,其中张家湾就是有名的运粮码头城,直接服务于大都。南北大运河的开通,大宗的粮、盐、绸缎、棉布、陶瓷器、海外物货等大多经张家湾进入大都。元代与海外有贸易关系的国家和地区达 140 多个。陆路主要是沿着古丝绸之路,由商队进入中亚、西亚。元大都就有许多来自中亚、西亚的商人。居住在元大都的蒙古贵族、官吏、色目人、寺院僧侣等多经商赚钱,他们依仗权势,与民间商人争利。官商则对金银铜铁、盐茶等商品实行垄断专利。

元代实行统一纸币,其中,"中统元宝钞"、"至元宝钞"流通时间较长。元代纸币作为惟一合法通货,标志纸币在元代发展到一个新阶段。纸币的通行,也为元大都商业发展提供了条件。元大都是一座国内外商业中心城市。

元代实行两都制:元宪宗六年(1256 年),在今内蒙古正蓝旗五一牧场境内滦河上游北岸的冲积平原上建开平府,后改称上都(或上京、滦京),1260 年忽必烈在此登基。此后 100 年间,元朝先后有 6 位皇帝在此登基就位。1264 年,忽必烈统一中原后迁都大都,但依然保留上都,每年初夏,皇帝、大臣、后妃均往上都处理政务和避暑,留居约半年,所以上都又被称作"夏都"。元代的两都不仅在于"避暑",更重要的意义在于,上都北控大漠,联络蒙古诸王,大都南凭燕蓟,统治中原大江南北。两都制客观上促进了各民族文化的交流,巩固了民族团结合作和国家的统一。

元朝的杭州

元世祖至元十三年(1276 年),右丞相伯颜率军攻陷临安,改临安为杭州。杭州为江浙行中书省治所,辖 30 路、1 府、2 州,包括今浙江、福建两省,以及江苏、安徽的江南部分等地区。从此直到元惠宗至正元年(1276—1341年)的65年间,杭州大致保持了南宋时的盛况,手工业和商业都比较发达。但是,由于从南宋都城降到行中书省城,原来的城市规模、建筑物等都可满足需要,加上政治中心北移,杭州城市没有扩建;又因杭州海湾沙滩漫延扩大,钱塘江口又堆积大量泥沙,航道淤浅,元代杭州的港口城市功能没能得到新的发展,而且逐渐被宁波港所取代。

但杭州城市依然保持了它的兴旺和美丽。意大利人马可·波罗到达杭州时,他见到杭州城市建筑以及三面云山一面城的西湖,认为杭州是当时"世界上最美丽华贵之城","人处其中,自信为置身天堂"。马可·波罗还说:杭州手工业有12行业,城内又有10个大型市场,有定期集市,工商业发达。继马可·波罗之后,又有意大利人奥代理谷到达杭州,他写的《游记》中说:"全城周围约一百里,城中到处人满,无些须之隙地。"

但至正壬午年后,杭州开始走向衰落。《辍耕录》记载:"至正辛巳年四月十九日,杭州灾,毁官民房屋、公廨、寺观一万五千七百五十五间,烧死七十四人。明年壬午四月一日又灾,尤甚于先,自昔所未有也。数百年浩繁之地,日渐凋敝,实基于此。"

元朝时期的泉州

元代泉州在当时中国所有港口城市中排序第一,也是东方第一大港,是最典型的以港兴市的城市。元代泉州城市在南宋原有基础上迅速扩大,主要是沿着港口贸易方向迅速扩展,由南门街向南延伸到晋江边。泉南地区是元代泉州城市最繁华的地区,也是外国人集中侨居区。这是泉州海外交通发展史上的黄金时代,它与埃及亚历山大港并称为"世界最大的贸易港"。泉州与亚非近百个国家和地区有通商往来。从泉州运出瓷器、丝织品、茶叶、铜铁器等,从海外输入香料、药材、金银、珠贝等。来自海外异域的富商巨贾,很多在泉州建房宅留居。

泉州名胜古迹很多,其中留下了元代泉州城市繁盛的历史足迹。如清净寺坐落于涂门街,它仿照叙利亚大马士革伊斯兰教礼拜堂的形式而建,据现存古阿拉伯文石碑记载，始建于北宋大中祥符二年（1009年），元至大二年（1309年）耶路撒冷人阿哈玛重修，至正十年（1350年）重修。这反映了当时泉州与国外联系的密切，也反映了元代泉州的繁盛。

元朝时期的上海

元代海上贸易崛起，沿海涌现出新兴城镇。其中，上海是一个典型。上海镇在南宋属秀州（嘉州）。元在上海镇设置市舶司，并设县，人口渐繁成为新兴的商埠。元置的上海县治就是今上海旧城，当时巨贾富商不断涌现。元置上海县辖境较大，包括今青浦、南汇、川沙3县，南北24千米，东西达50千米。

元朝中心城市与沿海城市的发展

元大都和附近地方为"腹里"，归中书省直接管辖。"腹里"所涵盖的区域其实范围很广，包括大都周围的内蒙古、河北、山东、山西等地。诚然，在研究元大都发展时，"腹里"概念的城市范围应指大都周围城市。

元朝行省下设路、府、州、县，为5级行政体制。元代设路185个，府33个，州59个，县1127个。省、路、府、州、县治所，基本上是历代形成的城市和县城，又是元代水路、陆路站赤、驿站之地，交通发展，经济发达，文化昌盛。历史比较悠久的城市有开封、太原、西安、成都、重庆、昆明、武昌、长沙、广州、福州、杭州、扬州、宁波、合肥、南宁、南京、南昌等。这些城市在元代90多年的历史中，都有所发展。

元代城市发展显示出新兴姿态者，主要是南北大运河沿岸和沿海地区的城市。天津就是从元代起因运河和海上漕运兴盛、商业繁荣而崛起的城市。淮安是因运河漕运而发展的又一座城市。淮安地处徐州、扬州、盐城中心地带，为南方诸行省漕运北上的咽喉，经济繁荣，街市繁华，而且是元朝的军事要镇，曾设重臣于此地。元朝大臣董抟霄说："淮安为南北噤喉，江浙要冲之地。"淮安，东晋时有山阳故城，元代曾在山阳故城北500米外建北辰镇新

第六章 宋元时期的城市发展

南北大运河

城。元末张士诚割据江淮，又在此新城基础上改筑，建成周长3.5千米余的城池。有元一代，淮安漕运繁忙，过境舟楫多，成为南北商品集散地。运河沿线城市除了天津和淮安是在元代建设了新城区的城市外，元大都附近的张家湾，山东的德州、临清、东昌、济宁，江苏的扬州等城市都开始兴旺。在沿海因海运兴起的城市，除天津、上海外，泉州和宁波都在元代获得新的发展。宁波在元代为庆元路，治所设在鄞县，庆元为元代三大市舶司之一，后又将杭州、温州、澉浦、上海市舶业务并入庆元。庆元与日本、越南、高丽、菲律宾、柬埔寨有贸易往来。至元十六年，有日本商船4艘载商客2000余人来庆元互市，足以证明庆元在元代港口贸易的规模是比较可观的。

概而言之，元代中国城市的发展，既有蒙古游牧民族军事征服的特点，也有都城规划中开倒车的现象。但是，这些并没能阻止历史的前进。总的情况是，宋代以来中国城市开放性和工商业经济发展，虽然没有达到改变农业文明基础的地步，但城市商品经济已具备一定的规模和相应的水平。正是在这样的基础上,加上水陆交通的进一步发达,元代中国城市发展还是出现了新气象,即沿交通要道有新兴城市出现,特别是南方和沿海地区都出现了新兴城市。

知识链接

元朝的上都

上都是元朝建立后的第一个都城,位于今内蒙古自治区正蓝旗东20公里闪电河北岸。早在忽必烈未即位前的1256年春,他即命近臣僧子聪(刘秉忠)于桓州城东、滦水北岸的龙冈相地建城,以此作为他统领漠南汉地军国庶事的藩府驻地。1258年新城建成后,被命名为开平。蒙古大汗蒙哥去世后,忽必烈在1260年春于此正式即位,建元中统。此后,开平府不断得到增修扩建。中统四年(1263)五月,正式升为都城,定名上都。到第二年八月燕京改名中都,两都巡幸制正式确立后,上都遂成为元代长期并存的两大都城之一。

第七章

明清时期的城市

自明朝建国至清朝道光二十年（1840年），这472年属于封建社会的后期。1840—1842年的鸦片战争，使中国社会沦为半殖民地半封建性质。由于工商业的发展，明末，有的城市露出了资本主义的萌芽。到清朝，因为推行"强本抑末"和"闭关自守"的政策，扼制了资本主义的生长，直至中叶，这种政策才有所改变，资本主义因素又有出现，但是直到鸦片战争以前，中国社会总的趋势仍是处于自然经济的状态，城市发展远远落后于资本主义国家。

第一节
明朝的城市发展

明代初期的高筑墙

明朝（1368～1644年）是朱元璋建立起来的，他于1368年正月在应天府（今南京市）称洪武皇帝。当年七月，明军进据通州，元惠宗妥懽帖睦尔（顺帝）北奔上都。八月，徐达率军攻入大都，宣告了元朝的灭亡。大都遂改称为北平，应天则称为南京。

朱元璋采纳谋士朱升之"高筑墙、广积粮、缓称王"的建议，非常重视修筑城池。还在洪武前二年（1366年），就动工修筑南京城，前后用了20年的工夫才竣工。城周长3.714万米，高14～17米，墙基宽14.5米，顶部宽4～10米，筑城的砖由28个府108个县烧制，统一规格，并刻印着烧制的府县名和制砖人姓名，筑城时砖与砖之间灌以石灰拌合的糯米汁和桐油，坚固无比。城有13个门，各有为数不等的瓮城，其中的聚宝门（今中华门）有3道瓮城，由4道拱门贯通，各门有上下启动的千斤闸和双肩木门，第一道上边筑有敌楼，城墙上的垛口有射洞，瓮城内外有27个藏兵洞，可以潜藏兵士和储备器物。从防守出发，可以说是"固若金汤"了。洪武二十三年（1390年）又建外城，周围60千米，土筑城墙，共开16门，雨花台、钟山、幕府山等山丘，都包围在内，连绵环绕，形势宏伟。

皇城也称紫禁城，位于城内东南部，坐北朝南，呈正方形（约在今光华门、中山门、太平门与逸仙桥的范围内），绕以护城河。宫城的正门有5道，由内往外为：奉天门、午门、端门、承天门、洪武门。洪武门往北，御道街两旁是明王朝的政府机构。承天门东有太庙，西有社稷坛。午门之内为大内

（即宫城），奉天门内之奉天殿为皇极正殿，是外朝所在，奉天殿北之华盖殿为治朝，华盖殿北之谨身殿为内朝，此为三朝之制。乾清、交泰、坤宁三宫为内三朝。

朱元璋为巩固明朝的统治，把自己的儿子除朱标立为太子外，凡是活下来的都封为王，并使他们就藩（王国）筑城，守护一方。其二子朱樉封秦王，就藩西安府。西安的名称由来，是徐达攻克元朝奉元路改称的。现在的西安城就是明初修筑的，现存城墙始筑于洪武七至十一年。因为西安是西北的军事重镇，所以城墙高大坚固（墙砖是后来巡抚张祉包砌的），秦王府位于城的东北部。西安市区的钟楼、鼓楼也是明代修建的，是西安市中心的标志性建筑物。鼓楼以南的南院门一带，街道的两侧布满商铺，是城市的生活中心。

紫禁城

明末重要城市的资本主义萌芽

明朝后期的政治虽然腐败，但工商业的进步却很突出。这有多方面的原因：一是朱元璋建国以后注意恢复农业生产，奖励垦荒，减轻租役，他令州县开垦荒地，归垦荒者所有，鼓动农民尽力垦荒。官给耕牛种子，减轻徭役赋税等措施，扶植了一大批小自耕农。军队也设卫屯田。加之兴修水利，对农业生产起了很大作用，所以社会呈现了繁荣景象。二是推翻元朝以后，使奴隶恢复了百姓的身份，对匠户的限制逐步放松，工匠有了自由，促进和恢复手工业发展。三是后期出现了科学研究。如科学家徐光启译著《几何原本》、《泰西水法》、《测量法异》、《勾股义》，著作《农政全书》；李之藻译著《环容较义》、《新法算书》；方以智著《物理小识》；王微著《诸器图说》等，都是倡导学习和推广科学。宋应星著的《天工开物》，更是总结了工农业的生产技术，包括谷物种植、收割加工、植桑、养蚕、棉麻、染料生产、纺织、染色、制盐、榨糖、榨油、酿酒、造纸、开采煤炭、制造砖瓦、陶瓷、铜铁器具、舟车、兵器、烧制石灰、矾石、硫黄、采琢珍珠、宝玉等，都很适用，使工业、农业、矿业、军火业开始采用新法，推进了生产力的发展。

万历年间，民间工业除了家庭手工业和手艺工匠外，全国较普遍地有了手工业作坊。按照课税的名目，计有：油坊、糖坊、磨坊、面坊、粉坊、酒坊、机坊、染坊、纸坊、铜作坊、铁作坊、砖瓦窑、木植场等，雇工多少不一，商品经济很繁荣，人口也逐渐向城市集中，在一些重要的工商业城市，已初露资本主义萌芽。

北京是全国的政治中心，也是全国最大的经济、文化城市。由于以前征匠官营的手工作坊逐渐被雇工生产代替，私营作坊开始发展起来。原来只供皇家贵族享用的手工艺品，如雕漆、宣德炉、景泰蓝等，也开始在私营作坊中生产。因此，商业空前地繁华起来。除了一些综合性的商业区外，出现了不少专一商品的交易地点，如米市、菜市、果子市、猪市、羊市、骡马市等。南京有丝市、绸市、米市、油市、木材市等124处。此外，由于西洋教士来华，在北京传播介绍多种科学知识，如天文历法、地理学、物理学、数学、哲学等，中国有识之士像徐光启、方以智、李之藻、宋应星、王微等人，与之交往、学习，都有多种科学译著，使北京这座历史古城，开始接触近代的科学文化，这对全国也很有影响。

北京之外，全国大的工商业都市在南方，有：南京、苏州、松江、镇江、淮安、徐州、常州、扬州、杭州、嘉兴、湖州、福州、建宁、武昌、荆州、南昌、吉安、临江、清江、广州、桂林、成都、重庆、泸州等。北方较大的工商业都市是：开封、济南、济宁、临清、德州、天津、太原、平阳、蒲州等。

对外最大的贸易港为广州，其次是泉州和宁波。朱棣即位后，废除了闭关的政策，从永乐三年（1405年）至宣德八年（1433年），郑和先后七次下西洋，沟通了与东南亚、印度半岛、阿拉伯及东非等30多个国家的经济文化交流。嘉靖三十二年（1553年）允许葡萄牙租用澳门为商场（每年租银2万两）。万历四年（1576年），又允许西班牙以海澄港（今厦门）为通商口岸。中国出口商品主要是丝织物、布匹、瓷器，与中国进行瓷器交易的达20多个国家。输入多是香料、药物、珠宝等。港口商税收入，也成为政府的一项重要财源。

> **知识链接**
>
> ### 山西襄汾丁村的明代住宅
>
> 山西襄汾丁村的明代住宅主要有两座：一座建于万历二十一年（1593年），位于丁村东北隅，是一组四合院，大门一间设在东南角，正屋三间，东西厢房及倒座各为二间，按传统习惯根据木构架分间，应是三间，可能是由于木构架开间过小，不利于布置室内火炕，所以分作二间使用。正屋、两厢和倒座之间并无廊子联结。其形制符合明代庶民屋舍的规定，只是正屋梁上有单色勾绘的密锦纹团科纹饰，似稍有逾制之嫌。另一座建于万历四十年（1612年），位于前座宅的东侧。由两进院落组成，现仅存大门及里进院，外院倒座及两厢均已不存，两院之间的垂花门也已毁去。从现存建筑看，平面布置后者比前者多建外面一进，其余基本相同。

第二节 清代城市的变革

清代城市发展与变革概论

清朝（1644—1911年）的创立者满族人崛起于东北地区，是女真人的后裔，在明末建立后金政权。1636年，皇太极改国号为清，去汗号称皇帝。清

中国古代城市
ZHONG GUO GU DAI CHENG SHI

以水为偏旁，而明字含火意，以清代明，犹如以水灭火，符合汉族五行相克的传统说法，更符合农、牧业民族的文化观念。

皇太极完成了东北地区的统一事业。1644年（顺治元年，崇祯十七年），清世祖率清军入关，

杭州古城

占领了北京，随之迁都北京，即皇帝位，确立清朝在全国的统治。清代，统一的多民族封建国家得到进一步的巩固和发展。到1912年清廷被辛亥革命所推翻，从此也结束了中国2000多年来的封建君主制度。清朝从1644年入关至灭亡，传十帝，历268年。

从1616年努尔哈赤建立后金到宣统皇帝退位，总计296年。从1644年明王朝灭亡到清朝灭亡，总计268年。以1840年为界可分为前后两个时期。前期从顺治到道光，清朝经历了康熙、雍正、乾隆三朝，国势达到极盛。从乾隆晚期开始，由盛转衰，至道光年间的1840年，就发生了大的变化。清后期为1840—1911年，中国封建的自然经济逐渐半殖民地半封建化。清代城市在清代前期与后期呈现截然不同的发展与变迁。在1840年以前，因为"康乾盛世"的出现，农业生产技术的提高，精耕细作，水利灌溉，以及施肥的因地制宜，江南已大面积种植水稻，湖南、四川、江西、湖北成为主要产粮区；经济作物种植也得到普遍推广。浙江的杭、嘉、湖三府成为著名蚕桑之乡；江苏的苏州、松江、江宁（今南京）一带，广东的广州、顺德等地大面积植桑养蚕。商品化经济作物的发展，促使农贸市场出现，如上海地区棉花市场的繁荣，导致市场上出现专人评估棉花质地，专人司秤，讨价还价，热闹非凡的景象。清代手工业生产工具不断得到改进，如南京织缎的纺机构造之复杂，已成为中国历史上手工业生产工具进步的一个新标志。到乾隆年间，中国矿产开采的规模不断扩大，拥有数万人的铜矿在云南出现。景德镇的瓷器工匠有几十万人，分别在两三百座瓷窑上做工。广东佛山等地的铁炉生产规模也很大。农业、手工业的发展，市场的活跃，促进了商业、金融业的发展，票号、当铺在全国许多城镇都很兴旺，于是在这些繁华的大城市，如北京、

杭州、苏州、扬州、广州、江宁（今南京）、佛山等城市，行商坐贾数万人，甚至数十万人活跃起来，百货繁盛。在手工工场和采矿业中，业主雇工经营，"富者出资本以图利，贫者赖佣工以度日"，以及作为家庭副业小商品生产的包买商等在全国各城市、矿业和农村集市上普遍出现，中国封建的自然经济中出现的资本主义萌芽，比明代大大地普遍起来。

清代广州的发展

广州在明代商品生产已开始发达，到清代商品生产更加活跃。其表现：一是蚕桑生产有新发展，海南更为突出，池塘居土地 9/10，民间多在岸上种桑，池中养鱼。二是麻的生产也相当普遍。三是甘蔗种植在广州番禺、东莞、增城等地发展迅速，蔗田面积几乎与稻田相等。四是广州的果品生产在全国占重要地位，大量种植荔枝、龙眼、柑、橘等。

广州生产的粤纱、粤缎，天下闻名。棉纺织品也占一定比例。麻纺织品生产虽然不如丝棉规模大，但也比前代有很大发展。如渤阳各乡妇女勤织麻布，其细者价格倍于纱罗。同时鹤山、新会的麻布，雷州、情罗、渤阳的葛布，高要、长乐的蕉布都闻名全国。麻布生产与棉、丝纺织品生产共同构成广州商品生产的整体网络。另外，广州制糖业也相当发达。

清代广州成为一座发达的城市，工商人口日益增多，到鸦片战争前，广州市人口已达百万。广州以织造粤纱、粤缎著名，但广州的丝织生产必须用吴蚕之丝而不能用土丝织造，这就促进了商品生产原料的南北交易。佛山铁的销路大增，供应全国。

在海运方面，粤东之海，东起潮州，西尽廉南，南尽琼崖，分三路，所在均有出海门户。广州港口更是帆樯鳞集，海运事业兴旺。在陆路方面，广东有连通江西、安徽、山东、河北的路线；连通湖南、湖北、河南、河北的路线和连通广西的路线等。水路交通成为广州商品流通的重要条件。

广州不仅丝织业发达，而且手工业产品种类繁多，统称"广货"，供应全国各地。广州城市发展繁荣，主要是由于城市工商业发展，以及海上交通便利和海外贸易发达。

明末，广州是抗清据点，清军攻城时，破坏严重。清代城垣依明制修建一新，并于顺治三年（1646年）增建东、西翼城，俗称"鸡翼城"。

鸦片战争以后，随着商人资本经济力量的增强，广州的商行成为清代中国商人社会势力的典型代表之一。清道光年间，广州有97行。诚然，广州商行并非始于鸦片战争之后，而是自明代广州已有13行商行，到清愈更加发展。康熙二十四年（1685年），清政府在广州设置了中国最早的海关，即"粤海关"。在珠江岸边设"十三行"及招待外商的"夷馆"，作为统一对外贸易的管理制度和设置。到鸦片战争后，广州十三行更成为巨额资本的控制者。广州商行之所以垄断了清代的对外贸易，是因为清朝政府的特许所造成。清朝统治者为控制对外贸易，实行公行制度，并指定广州少数牙行商人作为对外贸易中外商与国内贸易商人的中介商。清代广州是国内进行进出口贸易的惟一口岸，行商实际上垄断了对外贸易经营权。广州行商总称"十三行"。十三行所拥有的对外贸易特殊权力，使它有可能积累巨额资本。至鸦片战争时仅一个叫伍启之的行商所积累的财产即达2600万元。商人势力增强和商人组织大批涌现，推动了商人反封建斗争。但封建特权商人是与封建统治势力勾结一起的，因而不利于资本主义的生长。同时广东行商也受封建政府盘剥。广东行商每年要代两广总督、广东巡抚和粤海关监督采办进贡的洋货，赔垫货价。从乾隆五十一年（1786年）起，行商每年向朝廷交纳"常贡"，初为每年5.5万两，后来增加到15万两。鸦片战争时，广州十三行绝大多数商人捍卫国家利益和民族尊严，只有极少数人屈膝投降。

广州的商行还在外地城市组织同籍人会馆，有多种行业。如北京仙城会馆是广州籍商人的组织，他们经营绫、罗、绸、缎、葛、麻、珠宝、玉器、香料、干鲜果品等。

广州人在国内各城市组织的同籍商人行帮，是广州商业发展的一种反映，也推动了国内商业贸易的流通，在鸦片战争后这类商人势力仍在继续发展。而广州城市里的十三行则逐渐演变，主要作用仍然是推动对外贸易发展。十三行的巨大财力，对广州城市发展影响巨大，十三行街是广州最繁盛的市场之一。咸丰年间，广州十三行和"夷馆"等尽毁。清朝末年，京广铁路通车后，广州

广州的商行

第七章 明清时期的城市

与中国中部、北部广大地区的联系更加密切，成为中国的"南大门"。

清代上海的发展

清中期上海已发展成为全国著名的商业城市之一，又是沿海重要的港口城市。上海的发展，首先取决于港口贸易发展。康熙二十三年（1684年）统一台湾。康熙二十四年（1685年），清廷诏弛海禁，在广州、上海等沿海港口设置海关，始由上海县派员管理海船税务。上海商贸发展很快，往来海舶都进入黄浦编号，海外百货云集。雍正二年（1724年），在上海南部增设南汇县。雍正八年（1730年），从苏州移苏松道驻上海。此举主要是为强化上海海关税务管理。从此上海由县治跃升为统辖苏松两府的道台衙门所在地。乾隆元年（1736年），清廷又将太仓并入，称苏松太兵备道。因为管理两府一州，加之税务关系国家利益，因此，历任上海道台多由具有巡抚、总督、布政使官衔的人担任，级别很高。嘉庆十年（1805年），又划浦东高昌一带设川沙县。上海地域的扩展和任道台者级别之高，反映上海发展的地位和作用日益增强。嘉庆年间，上海已发展成为全国性贸易港口城市，称之为"江海之通津，东南之都会"。

乾隆年间，上海港口的船舶已达3000多只，其中沙船最多。沙船为大型航海木帆船，适宜于北洋航线。沙船坚固，行驶平稳，载货安全。沙船的发展，促进了上海的繁荣。如今上海市市标上仍画有一只三桅平底沙船，它对上海城市发展的作用由此可见一斑。

康熙时开海禁之后百余年间，上海港口每年由关东运来的豆麦达千余万石，南方的布、茶等由上海用沙船运往山东、直隶、关东等地。在国际贸易方面，当时中国开往日本的百余艘海船，大部分由上海港出发。上海海船每只载货15～30万千克不等，运往日本的货物包括丝、纱绫、棉布、茶叶、药材、瓷器、文具、纸张、书籍等，而运回的货物主要是银、铜、漆器、海产、珍珠等；

清朝时期的上海街巷

往东南亚运出绸、棉布、陶瓷等，运回砂糖、苏木、槟榔、樟脑、檀香等物品。

上海手工业中首先发达的是纺织业。开始，棉纺织业是上海农民的商品性副业。上海所产青蓝布远近闻名，是江南织造采办的主要对象。清代前期，上海丝织手工业的发展还无法与苏杭相比较。有一种说法，当时全国最大的丝绸纺织中心是苏州，甚至还包括南京。而上海则是全国的棉织业中心。上海每日售出的为5～10万匹，全年约为2000万匹之多。上海棉布不仅行销全国，而且远销日本等国。上海作为产地市场的商品还有棉花。上海的花行中，有专门为广东、福建出口商人收购花衣的"洋行"。在上海小东门外，形成一个大规模的棉花市场，来自福建、广东的船只，每年在春季2、3月份运来当地土特产品，诸如糖、红木等商品在上海出售，到秋天收购棉花等商品运回。

上海是个移民城市。在1840年以前，随着上海海运业和工商业的发展，从苏北、宁波以及全国各地聚集到上海的人，已在上海建立了同乡会馆、同业团体。如1757年泉州、漳州商人在上海建立了泉漳会馆，1759年粤籍商人建立了潮州会馆，1830年前后，山西行栈商人建立了山西会馆等。同业团体又称行帮、商帮。如1771年，北京在上海从事帽业的商人组织了京货帽业公所等。

上海县城在清代前期有50多条街巷，县衙周边几条官道为砖石路面，其余多为泥土路，宽2米左右。因为社会相对稳定，农业发展，手工业和商业兴盛，海内外贸易崛起，港口兴旺，清前期上海城乡人口聚集量迅速增长，到嘉庆十五年（1810年），已达52万多人。到嘉庆十八年（1813年），上海县城乡人口总数增加到52.8万多人，若加上港口往来流动人口，总数超过60万人。

清代北京的发展

北京城整体轮廓、基础框架、基本设施，在明代已经建成。清代建都北京，对明朝宫殿、城池、街衢、坊巷，几乎没做大的改动，清代最突出的建设是西郊的两座离宫，一是当时被称为万园之园的圆明园；二是颐和园。清政府曾把城内汉族百姓迁到外城，内城由八旗人居住，大都是王公贵族。皇亲贵族府第又多分布于西城，时人称"西城贵"。

第七章 明清时期的城市

清代北京的手工业多半是奢侈品生产，如玉器、珐琅、雕刻、漆器、珠宝、料器等。老百姓的生活必需品，则主要来自外地，棉布来自松江，土布来自山东和河北，纸张用品来自安徽、福建、江西，烟叶来自关东和河北。不论是皇族、贵族，还是

颐和园

老百姓婚丧嫁娶所用丝绸之类产品，则来自江宁、苏州、杭州等地。至于香料、钟表以及各类奢侈品、高级观赏用品等，则来自全国各地和国外。

北京城市商业繁华，固定市场相对集中，是清代北京商业发展的重要标志之一。正阳门外大栅栏是北京的商业中心，西单、东四商业在清代也逐渐发达。此外，还有花市、菜市、琉璃厂书肆等。清代北京商业的发展还表现为庙市特别兴旺，具有鲜明的地方特色。"京师之市肆，有常集者，东大市、西大市是也。有期集者，逢三之土地庙，四五之白塔寺，七八之护国寺，九十之隆福寺，谓之四大庙市，皆以期集。"（《旧京琐记·市肆》）城内以隆福寺和护国寺为东城、西城两大庙市。其他如都城隍庙市、都灶庙市、太平宫庙市，以及和平门外厂甸地区的正月初五、元宵灯节的"庙场"，都是北京著名庙市。清代北京平时定期庙市增多，商业发达，因此使一年一度的城隍庙市规模及热闹程度不如明代。这是清代北京商业进一步发展的反映。

清代商业发展还反映在全国各地商人到北京做生意者增多，生意扩大，建立同籍商人会馆的行业增加。广州籍商人，在北京经营绫、罗、绸、缎、葛、麻、珠宝、玉器、香料、干鲜果品等行业，他们组织了北京仙城会馆。经营杂货、纸张、颜料、干果、烟叶等生意的山西临汾商人组织了临汾会馆。这类会馆的增加，是清代北京城市商业发展，商人社会地位提高，商人势力增强，特别是商业行帮势力增强，商人组织联络密切的表现。

> 知识链接

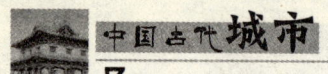

组群式民居

组群式民居是庭院式民居的集合式住宅，以它自己特有的构图模式去组合全族众多的住屋，构成雄浑庞大的民居外貌，多应用在闽西、粤东、赣南的客家人居住地区及福建漳州地区、广东潮汕地区。客家人喜欢建造圆形或方形的大土楼。例如：福建永定古竹乡的承启楼直径达70米，住房呈环状布置，为四层夯土木构架的楼房，外观封闭，无窗或很少开窗，内院有套建的圆形附属房屋，中心为全族人共同的祠堂。内部有水井、粮仓。楼门关闭以后，全族人不依靠外援可坚持抵抗侵袭很长时间。

第三节 明清时期城市建筑与民居

明清时期城市建筑

明洪武元年（1368年），明太祖朱元璋（1328—1398年）在南京建国，同年攻占大都，元代灭亡。明太祖将大都宫殿拆除并将材料运到南京来营建

第七章 明清时期的城市

新的都城。但出于对以往建都于金陵的朝代都享国不长的忌讳，朱元璋不惜填平了燕雀湖，把新城的建设移到了旧城之东。新城打破了方整对称的都城形式，因为保留了旧城，所以形成了一个不规则的格局。全城分为三个区域：中部市区、西北部军营区和东部宫殿区。城墙就是这三个区域外缘的围合。城墙的砌筑以条石做基础，两面由石或砖贴壁，有的城墙则干脆全部用砖砌成。全城共设城门13座，重要的城门还设瓮城以加强防卫。在这圈城墙的外面还有土筑的外郭城墙围绕，外郭城设郭门18座。

宫城区以旧城东部的阳山为大内镇山，填湖所得之地主要用于皇城、宫城和中央官署的建设。宫城的前方左右两侧设太庙和社稷坛，前朝有奉天、华盖、谨身三殿，后寝有乾清、坤宁和东西六宫，宫城充分按照"前朝后寝、左祖右社"的祖制建设。由于填湖造宫的地基不实的原因，声势浩大又建制齐备的南京紫禁城，因地势的塌陷而很快倾斜了。

明成祖朱棣南下攻破南京夺取政权后，一方面在南京修建大报恩寺；另一方面开始筹划移都北京的事宜。而南京的紫禁城，这座凝结了元大都的精华材料、明初匠人的苦心设计的皇宫却没能逃脱当时战火的吞噬和清初的劫难，终于在乾隆年间沦为一片废墟。

明成祖朱棣在北平元大都大内的宫殿遗址上依照南京紫禁城的建制重建新的皇宫和都城，并改名北平为北京，这就是北京城名的由来。明成祖对北京城的贡献在于，废弃了北部的大部分荒凉城区，在北城墙内又筑新城墙，又向南迁移了南部的城墙，延长了皇城的中轴线，这使得整个都城南移，就形成了以后宫城居中的布局，此后还加建了外城南面的城墙。这时北京的凸字形城市总平面，宫城、皇城、内城层层相套，外城在南面，中轴线自南向北贯穿都城的布局就基本上固定下来，并一直延续，还为以后的清代朝廷所沿用。

北京外城主要是手工业和商业区，还有规模巨大的天坛和先农坛。南面三门，东西各一门，北面则分为三座通向内

神武门

城的城门和两角上设的通向城外的两座城门。内城南面三门，其他三面各两门。这些城门都建有瓮城、城楼和箭楼。并且在外城的东南和西南还建有角楼。内城中以主干道为骨干，之间穿插有南北向或东西向的街巷和胡同，居民区就散落在其中，此时的街道两侧已经有了砖砌的暗沟，以供排水。

　　皇城平面呈不规则的方形，主要分布着宫苑以及庙社、衙署等配套建筑。城四面各设一门，南门就是著名的天安门（始建于1417年）。天安门前还有一座城门，明时称大明门，清朝改为大清门。皇城内的宫城就是政治的核心区，它是供明清两朝皇帝处理政事和起居的宫室。

　　皇城内所有主要建筑都建在中轴线上，这条长达7.5公里的中轴线是全城的主干，它起始于外城永定门，经笔直宽阔的大街到达内城的正阳门，而后经大明门又到皇城的天安门。在大明门和天安门之间，建有千步廊，各种衙署分设在廊道的左右。进入宫城后主要的宫殿都依次建在中轴线上，各主殿的附属建筑则对称地分列于中轴线两侧。沿中轴线向北，过了宫城的制高点景山后，出皇城的北门地安门，这条南北贯穿的中轴线才以高大的钟楼和鼓楼结束。

　　宫城内的建筑是严格按照体现封建礼制和皇帝威严的要求建造的。"三朝五门"的门殿制度是封建社会宫殿建制的典型方式，而"前朝后寝"是宫殿自身的布局方式。东汉的经学大师郑玄在解释《礼记》时说，"天子及诸侯皆三朝"：外朝一，内朝二；在《礼记·明堂位》的注释中又提到过："天子五门，皋、库、雉、应、路。"这就是古代宫城建设的"三朝五门"之制。但是西汉的戴德和戴圣在编定《礼记》这本有关典章制度的书籍时，只有文字描述，并没有附图说明，因此西周时的三朝是如何设置的，是采用"凹"字形的平面还是前后排列的"一"字形，后人并不知晓，这也给后人许多发挥创造的空间。

　　外朝为一座殿，是商议国事、处理狱讼、公布法令、举行大典的场所，位于宫城南门外，易于国人进出的地方是内朝，分治朝和燕朝，治朝用于君王日常朝会治事、处理诸臣奏章、接受万民上书；燕朝是君王接晤臣下、与群臣议事及举行册命、宴饮活动之处。

　　但实际上，从战国以后，历代都城宫室建设中，并没有几个朝代按这种制度营建宫室。隋代时，恢复"三朝五门"制度，唐长安在隋大兴城的基础上建设而成，基本布局没有太大的变化。唐长安有五门和三朝。元代没有这种建制，明初南京宫殿又用此制，其五门为：洪武门、承天门、端门、午门、奉天门，三朝为：奉天殿、华盖殿、谨身殿。明成祖朱棣（1360—1424年）迁都北京，南京作为留都，北京的建设基本按照南京的布局。

北京紫禁城正门也就是午门（建成于1420年）。在午门前侧左边（东边）是太庙（始建于1420年），右边（西边）是社稷坛（始建于1420年），这是按照"左祖右庙"的形式而设置的。外朝以太和、中和、保和（清代名称）前三殿为主，符合"三朝"的古制，宫城的大清门、天安门、端门、午门、太和门五座门，符合"五门"的制度。外朝后为内廷，内廷则以乾清宫、交泰殿和坤宁宫后三殿为主，这是根据"前朝后寝"的形式而来。

在空间秩序安排上，在中轴线上从大清门到坤宁宫共有八进院落，其中以太和殿（1420年建成）前的庭院面积最大。它是前三殿的前奏，同时也衬托出太和殿的主体地位。在太和殿广场前部，午门之后，还设有一道金水河和小金水桥，这个设置一方面缓解了高大的午门对太和殿的压迫之感；另一方面也凸显了大殿的重要性。从午门到太和殿这一空间，由宽阔的院落和门殿、廊庑组成，空间豁朗，视野开阔，形成整个宫城的序曲。前三殿不仅建筑本身体量高大，建筑形制尊贵，8米高的工字形台基把大殿平地托起，高高地矗立在白色的石基上，气势磅礴，是宫城的高潮部分。过了乾清门，建筑体量逐渐缩小，建筑密度却相对较高，这里是帝后及嫔妃们居住的地方。后三殿的北面是御花园，再向北到神武门（明代称玄武门）即宫城的北大门，也是整个宫城的终点。

从建筑形制上看，紫禁城内的建筑代表着中国封建社会建筑的最高形制。以太和殿为例，太和殿是举行朝会和大典的场所，是整个宫城中最重要的建筑。大殿坐落在三层高的汉白玉须弥座台基之上，是现存中国古建筑中最高等级的建筑，也是体量最大的殿堂式建筑之一。

中国人自古就有讲究数理的传统。太和殿面阔十一间，进深五间，总共五十五间。五十五这个数字，是有其特殊的象征意义的。"天数五，地数五，五位相得而各有合"，"天数五"就是一、三、五、七、九这五个数。"地数五"就是二、四、六、八、十这五个数。五位相得，是一与二相得，三与四相得，五与六相得，七与八相得，九与十相得。"各有合"是五个天数合到一起等于二十五，五个地数合到一起等于三十，二十五与三十相加等于五十五。这就是"凡天地之数五十又五"。太和殿的五十五就象征着天地之和谐、人间

宁寿宫

之和谐。

太和殿在明初建成时称奉天殿,自从建成后历经多次毁坏和重建。现在的太和殿是清康熙年间重建、乾隆年间又重修的建筑。由于太和殿仅是供皇帝一人之用,所以建筑坐落在宽大的台基之上。殿前的月台也很宽阔,以供文武百官就列。在月台上还设有铜龟、铜鹤、日晷和嘉量,使月台显得不至于太过空旷,也代表了江山永存的美好愿望。

大殿采用重檐庑殿顶,上覆黄色琉璃瓦,上檐每角突破常规,各设十个走兽。在明清已经逐渐退化的斗栱在这里作为装饰而被大加利用,采用了最高等级的出五跳形式密布于檐下。殿内没有过多的摆设,而装饰却是金碧辉煌。殿中部设六根蟠龙金柱,柱中间设同样金色的龙饰屏风和宝座。殿顶遍绘金龙和玺彩画,地面全部铺设特殊定制的黑色金砖。强烈的色彩和精美华丽的装饰充分显示了皇权的至高无上。

从布局上看,重要建筑安排在中轴线上,外朝以太和、中和、保和三殿为主,两侧有文华、武英两组宫殿;内廷以乾清宫、交泰殿、坤宁宫为主,两侧是居住用的东西六宫和宁寿宫、慈宁宫等,御花园位于宫城的最后。宫城内还有禁军的值班房以及宫女、太监们居住的房屋,在午门至太和门之间的御路两侧建有朝房。

清乾隆年间(1735—1795年),在内廷的中部还建了一座城中之城——宁寿宫,当时建筑的目的是作为乾隆皇帝退位以后的养老之所。宁寿宫由单独的城墙围合而成,建筑布局也采用前朝内廷的模式。著名的故宫九龙壁就坐落于此,它成为皇极门和宁寿门前的铺垫。前朝建皇极殿和宁寿宫。后廷中间依次是养性殿和乐寿堂等起居殿,在左右两侧还建有戏楼和花园等。

紫禁城西面是皇帝的禁苑,它是利用金、元时期的太液池和琼华岛扩建而成,因为南移城墙还添增了南海水面,以供皇室成员消闲娱乐。而到了清代,又在此基础上大兴土木,不仅扩大了园林的面积,而且添建了大批的宫苑建筑。而对于西郊的园林区和在各地建的离宫别苑来说，皇宫内的禁苑只是一个序幕而已。可以说清代把园林的建设推向了最后的辉煌。紫禁城从落成后就一直处于不断修整和建设之中，到了清代更是投入了大量的人力、物力在原有基础上又加以增建。可以说这是一座穷尽天下之力而创造的神话般的建筑。

　　清朝（1636市~1912年）在都城和宫殿上全盘接受了明代（1368~1644年）的辉煌成果，虽然也进行过比较大的建设，但那只是为了满足需要对紫禁城进行的修缮和补建。而据以往的历史经验来看，对于这样一个伟大的帝国来说，皇家不可能在建筑上如此轻易地善罢甘休。果然，清代皇家把对于建筑的全部热情都倾注在了对园林的开发和建设上，并取得了前所未有的伟大成就。清朝的历代统治者对园林的建设是如此执著，以至于到了光绪时，朝廷已经濒临灭亡的边缘，慈禧（1835~1908年）挪用军费也还要大建御苑。以上所造成的结果就是，人们只要一提到北京城就必然会想到它的宫殿和园林。

　　清代除了继续扩建西苑外，还在北京的西北郊修建了众多的皇家园林。并在河北承德修建了京城外最大的行宫——避暑山庄（始建于1703年）。西苑是清廷大内的御苑，包括北海、中海、南海三部分。过去这里曾经是一个较大区域的水洼地带，但早在清初期水面的范围就已经缩小了，这以后主要是在以前金朝和明朝已有简朴园林的基础上进行改建和添建。到了康乾盛世时，由于中央政府雄厚的经济实力支持，皇帝们深感御苑的拘束，遂开始在城西郊兴建三山五园。这就是香山的静宜园，玉泉山的静明园，万寿山的清漪园，还有圆明园和畅春园。圆明园号称"万园之园"，其中成组的建筑就达100多处，而数不尽的景致更是交相辉映。由此可见当时园林恢宏的规模。这些园林几乎囊括当时所有的园林类型，还有不少富有外国风情的建筑坐落在皇苑之中。而清朝的统治者们也是多半居住在园中处理政事，一年之中在紫禁城中住的时间反而很少。但令人惋惜的是，这些珍贵的景苑，精美的建筑，耗费了人们无数财富和心血的园林，最后都被帝国主义的侵略军毁于一炬。现在的颐和园是在原清漪园的旧址上经两毁两建而成的，虽规模和繁盛程度已大不如前，但当我们置身其中时，至少还可以从它的景象中想像一下当初那些创造过辉煌的园林的样子，虽然那不是我们现在可以想像得到的。

明清北京城居住形态

从历史发展的角度来看，愈是中国古代后期王朝的都城，愈是趋向与《周礼·考工记》的城市规划思想相一致，这大概与以《周礼》为主要经典的儒学思想影响的日益扩大有着十分密切的内在联系。

明清时期都城建设的礼制，整体上严格从属于《周礼·考工记》。《周礼》原是先秦的古籍。秦代焚书后散佚，到汉代河间献王得《周礼》这部书，惟阙冬官乃以《考工记》补入其中，所以两本书合而为一，《考工记》就成了《周礼·考工记》，专门论述"百工之事"。该书里面有关的都城城池的空间布局与建设制度，从后来中国各代故都的考古都得到了充分的证实。另外，《周礼·考工记》强调礼制观念及封建社会儒家居中不偏、不正不威的思想，这种思想在明清时代的都城规划中得到进一步的体现。

虽然《周礼》强调了"王城居中"的传统理念，但是实际上也是个不断发展的过程，从西周开始的"西城东郭"的阶段，到魏晋南北朝的东西南"三面郭区"绕北部中央小城，然后从曹魏邺城开始实行"去南宫"、"留北宫"，都有一个不断的调整性过程，最终形成了明清时代庄严的"重城式"复合都城结构。这种复合都城结构的最大特点是城中有城，整座北京城以皇宫所在的宫城为中心，即将皇帝及其嫔妃居住的宫城与中央政府机关所在的皇城与一般居民居住的城区分开来，宫城外面是皇城，皇城之外为内城，内城外还有外郭城。这样一城套一城，即宫城外套皇城，皇城外套大城，大城又套外郭城的"四重城"结构。而整个都城、皇城以及宫城的中心，就是"太极殿"。其建在"中央土"上，高高在上，再配以周边高大雄伟的宫殿群，使皇帝显得高高地凌驾于将相群臣及庶民百姓之上，增加了封建皇权的神秘感与威严。这是一种借重皇宫地势的高耸与建筑的雄壮来增加皇帝威权的建筑方式。

明清北京城建筑布局除了上述的严格依照《周礼·考工记》的居中不偏、不正不威的思想，及其派生出来的"重城式"都城空间整体结构之外，还有另外一个特点，就是存在着严格的几何关系。比如，景山是北京全城的最高点，该点刚好位于内城两条对角线的交点上，是内城的中心；午门处于内外城四角的对角线交点上；天安门处于西直门与外城东南角、东直门与外城西南角的对角线交点上，也是阜成门与广渠门、朝阳门与广安门的对角线交点上；正阳门则处于阜成门与外城东南角、朝阳门与外城西南角的对角线交点上；而皇帝朝见众臣的地方——太和殿则处于紫禁城两对角线的交点上，成为中心的"中心"。这么一层层水平与垂直的关系，将皇权层层推向顶级，而这种几何关系的情况在以前的各个朝代是较为少见的。

"重城式"结构的明清北京城，是以皇帝居住的紫禁城为中心，皇城、内城、外城一层层紧紧将其拱卫在其中。但是"重城式"的特征又紧密地与另一个重要特征相联系，这就是明清时期北京都城空间结构上十分有名的"中轴线"。"中轴线"由几个独立的部分组成，宫城的轴线由皇城外的正阳门经过宫城直接贯通至皇城北面的钟楼、鼓楼。清朝在加筑外城时又将南面的永定门也坐落在轴线之上，如此构成了一条由南而北，贯穿全城的"中轴线"，从最南的外城永定门开始，贯穿外城，经内城南面的正阳门直抵皇城正门天安门，进入皇城穿过宫城，越过景山，出皇城北门地安门直抵城北的鼓楼与钟楼。其间，宫城里的重要殿堂都被放在轴线之上，两旁对称地配列着寝宫厅馆，祖庙和社稷坛也分居在轴线左右。这条"中轴线"是全北京城市布局的依据，也是"重城式"复合空间的"脊梁"。不仅紫禁城里的主要建筑物都坐落在这条中轴线上，皇城和内外城的主要建筑也都整齐对称地排列在这条线的左右两边，即使是东西向的胡同也是以这条"中轴线"为对称与排列的。

可以这样说，除了城市的起源期之外，"中轴线"贯穿着整个古代中国城市居住空间布局的发展史，但是有着不同的历史发展阶段，从最早的只包括单个房屋与宫殿的"中轴线"，到宫城内部的"中轴线"，再到"前朝后寝"的皇城中轴线，最终扩展到包括外郭城平民居住区空间结构在内的整个都城布局的"中轴线"——明清时期的"重城式"复合居住区空间结构。元大都与明清北京城，忠实体现了《考工记》"匠人营国"理论，居中对称、左祖右社、干道胡同等基本框架清晰明朗，强调帝王权威、遵循礼法的城市建设指导思想跃然可见。

明清时代的"中轴线"与当时的"以南北交通为主"、南北街较宽有着内在的密切联系。这是因为魏晋南北朝以后的中国封建礼制强调城市的往南朝向，即城市与宫殿都是"坐北朝南"，以南门为"主门"。从街道的走向、宽度与重要性等方面来分析，明清北京的居住区空间布局结构也都是以南北

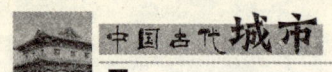

向为主,这种南北纵轴线构架,是与其他各主要宫殿走向东西延伸、坐北朝南的礼仪相应相称的。所以,这条"中轴线"不仅从平面,而且在空间上起着统率明清时代全城交通网络的作用。"中轴线"以建筑群为主,以建筑包围空间,整个建筑群结构方正,气势雄伟,是全城平面及竖向空间的控制轴。

在明朝时,不但宫城、皇城、内城的居住区空间结构都遵循"中轴线"的原理,而且外城同样遵循着这条规划原则,显现出左右对称的设计手法,这是以前朝代所少见的。但外城与内城在使用性质上有所不同,宫城是大内所在地,皇城是中央官署所在地与贵族居住地,所以建筑物高大,王府众多,街道也很齐整,宫城与皇城构成了北京的内城。外城的性质是拱卫内城,故城垣、街道与房屋建筑都比内城规格低,相对也较杂乱,以普通百姓为主。到清代,由于特殊的民族关系,满族则多居于内城,汉族则多居于外城。

明清时代这种南北延伸的"中轴线"与宏大宫殿布局方式,对城市的交通存在着严重的影响。因为紫禁城是皇帝发号施令和皇室居住的地方,皇城内是皇亲国戚的府第,这两类建筑群本身都是一个个由高墙环绕的庞大建筑物。由于紫禁城和皇城的扩建,使其面积几乎占了北京内城的一半,又占据了内城正中间的位置,加上北部水面的隔断作用。这种对城市的分割在客观上造成了城区之间的交通不便;另外,加上天安门前的"封闭式"千步廊,巨大的南北向延伸的皇城,竟然使得整个内城东西两城无法直通,也就是说明清时代的北京都城,虽然有了"中轴线"这条纵贯南北的经线,但却没有一条东西直通的纬线。长安街中间的一段在明清时代被红墙围在了皇城里面。如果从西城到东城,必须往南绕行江米巷,走大明门前的棋盘街,或往北绕行地安门外,这么走一趟起码要花上大半天时间。但从南到北却还有两条与中轴线平行的主干道,这就是当年北京城最长的两条路。所以,这种"威武"且"封闭"的封建皇城,对普通市民的生活空间带来了很大的影响。

胡同与四合院

1. 明清时代的"胡同"

从元朝开始中国北方城市的居住空间结构逐渐发育出两种典型的形式:一是"胡同";二是与其密切相关的"四合院"。胡同是明清时代中国北方地区城市居住区空间结构中的一个重要组成部分，其中又以北京的胡同最为典范。

胡同形成于元朝，是宅第、院落、房屋连接而成的，是一排排宅第的间隔带，既可采光通风，又使得出入方便，成了连接住所与交织的主干道间的脉络。从词源上来看，"胡同"是元朝时开始出现在中国北方城市居住区建筑布局中的一个专用名词，其作用大致等于中国南方的街巷、里弄一样的通道，其功能是既连着民居院落，又是区域内部的交通道路，当然它还有社会治安以及文化诸方面的作用。从史籍中看，"胡同"这个词的北方方言就有很多种，从元朝到清朝这个词的写法有：胡同、街通、火弄、火疃、火巷、胡洞等，其中以胡同最为普遍。就地域上来看，"胡同"只普遍使用于北京和北方一些城市。在中国的蒙古语、鄂温克语、女真语、突厥语、维吾尔语、满语等"水井"，大致是"胡同"相似的发音，后来被汉语所吸收，到明清时代大量使用，而且从原来的本意（水井之处）转化为街巷。另外，在蒙古，比村稍大的部落也叫胡同。无论是"水井"、"部落"，实际上都反映"胡同"作为人类生活居住空间，与四合院一样，都是中国北方城市居住空间结构的一个重要的组成部分。

作为封建晚期都城空间重要组成成分的"胡同"，不但是生活居住空间的一部分，同时也是都城交通网络的基础层次，它是明清时代北京都城最基础的民间交通道路，是"街制"的最低层次。根据《析津志》，当时都城街巷的走向，尤其是街，走向应该基本上是正南正北，直角与东西相交。这是中国的传统，也是北京城特别体现出的特点。在元大都的时候，其大街以南北走向的为主干，表现为南北街的宽度特别宽。而东西方向的街大多属于"小街"，小巷呈东西走向的占绝对优势，这些小街就是胡同。元大都的街道如此布局，一直延续到晚清时代。

关于明清时代街道与胡同的数量，清朝朱一新著《京师坊巷志稿》一书所列的街巷胡同名，可数的大约有街巷胡同2077条，其中直接称为胡同的约有978条之多。据多田贞一的《北京地名志》，到1944年北京共有3200条胡同，其中直接称为胡同的约有1316条。

街制除了上述街道的走向之外，另外一个就是街道的宽度。中国古代城市居住空间的规模是以"步"来衡量的，比如在元朝，一"步"为五尺，当时的一"尺"合0.3米，一"步"就是1.5米。《析津志》在记载元大都都城制度时，其街制规定：

街制……大街二十四步阔，小街十二步阔，胡同宽六步丈。全城三百八十四巷，二十九街通。

"三百八十四巷"，就是当时的胡同。《京师坊巷志稿》云："元经世大典，谓之火巷，胡同即火巷之转。"当然在明朝由于城市规模的扩大，外城的扩建成为街巷胡同增加的重要原因。到清朝时由于满汉分隔的居住制度，大量的汉人被强迫迁往外城，也使得胡同的数量大为增加。

根据元朝街制规定，大街宽24步，小街宽12步，而胡同宽6步。这就是说在元朝被称为"胡同"的街巷宽度分别达到这些规定，才称之为小街、大街。但这一规定，随着朝代的更替，到明清时期就越来越不严格了。明朝废弃了元朝的一些大面积建筑物群后，其原址上就出现了一些在走向与宽度等方面都不规则的小胡同。同样清朝期间也废弃明朝的一些衙署、府第、仓场，这些地方也自然形成了一些不规则的胡同。比如在明朝时，天安门西侧设有中军都督府、左右军都督府、前后军都督府以及旗房、太常寺、通政使司、锦衣卫等九大官府衙署建筑群，到了清朝这些官府衙署被废除后，就形成了曲里拐弯的几条不规则胡同：前府胡同、中府胡同、旗手卫胡同等。

在原来大型建筑物地址上形成的胡同宽度相差很大。有的胡同就宽于原来规定的6步，有的胡同则不足6步，还有的胡同两头窄中间宽等，最窄的只能容纳一个人只身进出。比如前门外大栅栏地区的钱市胡同东口宽80厘米，胡同中间最窄处却只有40厘米，是胡同两侧居民住宅院前的台阶伸出占了地方，在这个地方两人相遇，得有一人退进居民院的门洞里，另一个人才能过去，要不然谁也无法通过。

与胡同"街制"密切相关的另一个重要因素，在于街道的走向对房屋居住空间的影响作用。由于明清时代的街制属于"大街小巷"的格局形式，而且大街小巷以东西走向的占绝对优势。而大街小巷的南北两侧就是普通百姓的住房，所以北京都城的基本居住建筑物"四合院"，基本上都采取了正南正

北京胡同

北，北房为主，东西厢房的布局。这样既符合与宫城、皇城一样的"坐北朝南"礼仪，同时也便于自然空间的"采光取暖"的要求，是中国古代城市居住形态深得人心、符合自然要求的城市建筑设计。这种设计，取法于古都长安、洛阳的经验，又加改进。这样方方正正，整齐划一的平面图案，给人以端庄严肃的气象，这是中国的传统风格，体现出壮丽宏伟的气魄。

明清时代的胡同，除了街制的走向、宽度等特征外，还有一个重要的特征，那就是其社会治安的功能。明清时代北京的"胡同"有个突出特点，就是胡同口都安有木头或铁栅栏。其作用类似当今流行的"防盗门"一样，主要是为了防盗与治安。每一处栅栏都有出入门，起更（入夜）后即行关闭，除"有奉旨差遣及紧要军务，应及时启门"，"自王以下官民人等，概禁行走，步军校等分定街道，轮班值宿，步军协尉仍行巡逻"，全城实行宵禁。

胡同栏栅的起源，在明朝弘治元年，有个叫王敏的百户之官，给皇帝递了个奏折，说道：因为"京城之内大街小巷不止一处，巡捕官军止有七百余名，未免巡历不周。一闻有盗，昏夜追赶，小街曲巷辄被藏匿。合无除宽街大路不必置立外，但系小街巷口相应设门去处各置立门栅，遇夜关闭。如遇追逐盗贼，不得委曲隐藏"。于是北京城的胡同里都安装上栅栏。到了清朝时栅栏更是有增无减，到了乾隆时期北京城已有1700多道栅栏。现今这些栅栏虽没有了，可却留下了不少叫栅栏的胡同名称，最有名的就要数前门外的"大栅栏"，此外还有"双栅栏"、"三道栅栏"等。

当然在明清时代，胡同栅栏的社会功能主要是治安防盗，不能把它看做北宋以前具有坊墙与"市墙"严格分离的"封闭式"都城空间结构与制度。

明清时代的胡同除了"东西走向"、"6步宽度"以及"栅栏把口"这三大特征之外，还有一个十分重要的特征，那就是明清时代的胡同与"中轴线"的空间关系。当时北京的胡同在外观与结构上都很具特色，从外观上，北京所有的胡同都是灰墙灰瓦，一个模样，在结构上中国城市的胡同空间布局又取决于"中轴线"的走向。因为，胡同是东西排列在两条南北主干道两侧的，而这两条主干道又是与"中轴线"相平行的，所以说"胡同"当时基本上都是东西向地排列在中轴线两旁的。整个北京城的胡同就像这条中轴线穿过的棋盘一样，以中轴线为中心，方正平直地纵横垂直相交成一个大棋盘，如果说御街所在的"中轴线"是南北向的"脊梁骨"的话，那么明清北京城里的胡同就如同两边对称排列的东西向的肋巴骨，脊梁骨加肋巴骨就构成了整个北京城的骨架（整体空间结构）。正是这一条条的胡同与小街的填塞才组成了坊，一片片的坊就成了大都城里、皇城以外的广大居民区。

　　胡同是元、明、清三代北京的主要居住与交通空间结构，但是由于三个朝代市政建设思想的不同，从而形成了不同的建筑模式。在元朝，胡同是按大都城的总体规划建筑在坊里的，而当时大都的"坊"又是由大都城里的主干道交织划分出来的，元朝统治者为了填塞按规划建筑的大都城，就把城里坊中的土地按八亩一份分封给奉诏而来的居民，让他们按规定建筑房屋，这些房屋建起后，中间的通道就是胡同。因为是按照一定的规模在坊里建设的，所以元朝时的"胡同"是最为规整的，元朝时的"里坊"与"胡同"可以说是以一种"国家"统一规划、市民自己建设的方法而形成的。

　　明朝统治者比元朝的"分封土地"更进了一步，明初正是"人口充实京师"的时期。比如元末时，朱元璋从全国调集匠户、富民充实京师（今南京）。洪武四年闰三月，城中约3万户，其中民2.1567万户，军1896户，公侯族属1197户，官吏2497户。到了二十四年，已迁进6.6万户左右，人口近48万。同年又迁富民5300户至京，估计近5万人口。洪武二十八年又徙直隶、浙江等地民2万户于京师，充仓脚夫，以每户5口计，又得10万，加上原有人口和20万军队，共有80余万人，连同在京服役的轮班工匠，其最高峰当在100余万。

　　当时为了召集、安置外来居民来城内居住，国家统一建设房屋再分发给市民。统一盖筑的里坊与胡同，自然都很规范。所以当时是一种由"国家统一规划"与"国家统一建房"的都市建设方法。当然这种"国家统一盖房子"的形式早在秦汉时期就已经存在了。比如《汉书·平帝纪》载："罢安定呼池苑，以为安民县，起官寺市里，募徙贫民，县次给食徙所，赐田宅什器，假与犁牛种食。又起五里于长安城中，宅两百区，以居贫民。"其中的"宅两百区，以居贫民"正是反映当时国家统一建房的举措。

　　到了清朝，都城居住的发展方向正好相反。政府不仅未建房屋，也未统一分配宅基。由于满汉分隔的制度，反而把汉人都统统赶出内城，内城只住旗人，被赶的汉人只好在外城另筑新房，匆忙中就没有什么规范而言，所以清朝新建的胡同就远远不如明朝、元朝规范整齐。

2. 明清时代的"四合院"

　　胡同的实质内涵涉及北京居住空间结构的另一大特色，即鳞次栉比的北京四合院，两者在都城的居住空间结构中是紧密相连的。"四合院"，顾名思义，必得东、西、南、北四面都要建有房屋，并合围出一个敞亮的院落，是四方之屋围绕合成的院落，使其建筑结构形成一个"口"字形的整体房屋建筑结构。由于地理位置的原因，中国北方有许多四面有房屋，中间自成院落的住宅，从广义上讲，这些都可以称为"四合院"。

　　北京的"四合院"，是随着元代北京城的兴建而逐步形成的，它属于北方四合院大类中的一个小类。但是北京的四合院以它独特的建筑风格和营建方式，装饰精细以及房屋的具体使用，附属设施的布局，形成了四合院的特有文化，成为中国民居建筑史上的一种典范。

　　明清时代的中国北方，存在着二合院、三合院以及四合院三类。结构多为砖木结构，屋顶以硬山式居多，由简、板瓦重叠交扣而成，美观坚固，又有良好的保温、防漏性能，房屋和院落按南北轴线对称布置。标准的北京四合院中，基本上由以下三大建筑部分所组成，即四合院的"前院"、中院（分为东西两部分）、后院。而这三个小院具体又分成了正房、东西厢房、倒座房、耳房、垂花门、过道、走廊、后罩房等建筑。这些部分之间的基本空间关系为：一般以正房为主，两边配有耳房及小跨院，东西两面各建配房。在这些建筑中，存在着许多特色装饰和特色建筑。如上下马石、拴马桩、宅地镇石、门簪、门环、门墩、门神、影壁、垂花门等。这些装饰与建筑体现的是浓浓的京韵与京味。

　　在房屋走向上，标准的四合院一般都是"坐北朝南"，大门开口朝南，这样采光充足，而且上述各个部分的名称都是与"走向"有关的，其中院内"坐北朝南"的为正房，东西两边相对的叫厢房，坐南向北的叫倒座等。

　　明清时代中国北方的"四合院"民俗里，门有门神，灶有灶君，一进院门奉土地、主房上方供天地等。有的还专门开辟一间或几间房屋供奉财神、大仙、观音以及天、地等各路神灵，大部分人家还要供奉列祖列宗的牌位，可以说整个四合院中是无处不有神灵。人们把自己的住所同时看成自己所信奉的神灵的住所。著名民俗学者钟敬文先生对中国传统民居的这一现象曾高度概括为"是兼有两种相反（其实也是相成）"性质的，那就是它既是"世俗的"，又是"神圣的"。

虽然明清时期北京的四合院大多都是"灰墙灰瓦"，但是大门却有很大的不同，它是房宅主人社会地位的象征。四合院一般是在"坐南朝北"的倒座房中的正中央开辟一间房屋作为大门，这间房屋的屋顶高于其耳房等其他房间，大门装在屋脊正下方，大门两侧的墙壁向外凸出作为装饰，大门为两扇，门扇下为可抽出的门槛，走车时可拔下。门的形制有严格的等级区别。如金柱大门、广亮大门、如意门等，其中以广亮大门最具代表性，标准的北京四合院影壁是标准四合院的一个不可缺少的组成部分。北京的四合院一般不对外开窗，"门户而全院封闭"。富豪人家还分内院、外院，俗称"一进两串院"，也有个别"一进三串院"或更多者。

明清时代的"封闭式"居住空间类型从四合院的规模来说，也可以分成以下几类：如果只有一个院落，有北房、南房各三间，东西厢房各两间，卧砖到顶、起脊的瓦房、清水脊的门楼，这种称小四合院；如果有内外两进院落，有正房五间，并带耳房的，就可称为"中四合院"。对于那些"大四合院"就是现存的那些王府，正房要前出廊后出厦，后边有罩房、垂花门（宫殿式门顶，有用木头雕刻的莲花瓣儿，倒悬在门额的两旁，所以叫垂花门），整个四合院规模宏大，有两进、三进，甚至四进以上，而且还通过游廊将房屋相连。

明清时代四合院中一般均有绿化种植，每座院子往往在绿荫笼罩下。虽然居住建筑密度很大，很少有专门的大片公共绿地，但是每家每户因地制宜，都有绿化，所以总的绿化覆盖面积相当大，绿化条件也较好，富家贵族的大型庭院中往往有与住宅相连的私家园林，远处遥望，全城一片葱绿。

中国传统的建筑模式首先是一个封闭的建筑模式。大至国家、城市，小到庭园院落，都是封闭式的。城市是由城墙维护的，普通民居也是闭合式的，四合院的布局是以房屋来围合，中间是院落。虽然北宋以后"封闭式"的都城制度瓦解，但是实际上并没有彻底消灭，仍然存在着封闭式的建筑物空间。四合院是中国"封闭

四合院

式"文化的一种外在表现,同时也是中国以宗族与家庭为中心的传统文化的表现。中国古代生活,以家庭为中心,因此在建筑上也反映出家庭观念。每个人都固守其家,家庭为了安全把自家的房子用高墙包围起来。所以它不仅是中国古建筑形式中的一种典型,而且是中国封建社会宗法观念和家族制度在居住建筑上的表现物。它的规模、样式以及装饰都必须按照封建社会的宗法制度来建筑,有着十分严格的等级差别,这是一种以长为尊的伦理概念和准则。家庭的伦理道德和宗法观念在四合院中有充分的体现,住宅建筑的功能就与礼制融为一体。北京的四合院,包括较大规模的由多个四合院组套而成的王府,甚至故宫,都是礼制的反映,是礼制最充分的体现。

清朝的满汉分隔制度

明清是中国封建社会发展的后期阶段,清代北京在建筑用地类型、结构与规模等方面,虽然都是承袭于明代,而且都市的居住空间结构都有很大程度的相似性,但是居住区的社会空间结构却产生了很大的不同,其中最主要的集中反映在"满汉分离"的清代京城居住空间结构上。具体来说,清朝的住宅虽然还是依主人官品等级或与其相应的经济状况而定,在内城或恩封行赏的府邸,或自购的第宅,主要是皇族、官僚以及旗民。至于身无旗籍的平民百姓只能居于外城的三合、四合及大杂院中,即使是汉族高官,居住于内城也须得到朝廷的恩赐。清朝"满汉分离"的社会等级制度反映到城市居住环境中来,就形成了等级居住结构。最高的一层是皇室,其次是满族贵族及其旗民,再次才是汉族官僚。在清朝,满族官僚贵族的住宅多接近宫城,汉族官僚多接近前门,而皇帝大部分时间在西郊诸园中,王府及高官的住宅向西城集中。

清初定都北京后,清政府为安置大量内迁的八旗户口,于顺治五年(1648年)下令圈占北京内城,汉族官僚平民及商人,除投充者及在衙署内居住之胥吏、寺庙中居住之僧道外,尽迁南城,即实行了空前绝后的满汉分城居住制度。这就是"世祖章皇帝定鼎燕京,分置满洲、蒙古汉军、八旗于京城内,镶黄正黄旗居北方,正白镶白旗居东方,正红镶红旗居西方,正蓝镶蓝旗居南方。左翼自北而东,自东而南。镶黄旗在安定门内,正白旗在东直门内,镶白旗在朝阳门内,正蓝旗在崇文门内。右翼自北而西,自西而南。

正黄旗在德胜门内，正红旗在西直门内，镶红旗在阜成门内，镶蓝旗在宣武门内"。同时又法定，八旗官兵不得在京城外居住。而汉人重新移居内城，发生在清代后期，尤其是光绪变法，满汉畛域日渐化除之后。因此，在北京城市满汉严格分居持续了200多年的时间。

  清初的满汉分离政策导致了清代北京城市居民分区聚居的突出特点，即内城为京师八旗户口的集中聚居区，而外城则为汉人及其他民族百姓的集中聚居区。八旗制不仅是军事制度，同时也是行政制度、居住空间的组织制度等。当时北京的内城以皇城为中心，八旗分立于"四隅八方"，而且以"北"为上，这样一来，北京内城就布满了八旗兵营和满族贵族的府第。实际上就废除了内城原有的街坊制，转变成了实属八旗管辖、"坊"、"旗"混合的居住区管理模式。当然，随着人口增加与财政负担日益沉重，到清中期，清廷逐步放松了原来对京师旗下官兵严格集中聚居的管理。清初严格规定，旗人不允许在京城之外居住。到乾隆初，由于内城旗人人口增长很快，就出台了"除为官披甲当差之人在京居住者，其余闲散人等，如有情愿在屯居住，自行耕种者，俱各听其自便"的法令，从而减少了内城旗人人满为患的现象，在某种程度上缓解了京师满族人"京师亦无余地处之"的问题。从此，京师八旗人口迁居外城及郊区者日众。此后，政府还有计划地迁移京师八旗官兵户口并鼓励旗下兵丁及闲散户口自发迁居四郊和外城。

  清代汉人被迫到外城开辟新的住宅空间，新建房屋紧密相连，从而形成了一条条新的胡同，因此北京外城的胡同一下增加到263条，街巷增加到337条，共合600条。一方面，由于当时搬迁的时间紧，缺少统一的规划，所以新形成的街坊明显比内城区显得曲折与杂乱。当然这也使外城原本荒凉空旷的地方变得热闹起来，成为新的、富有活力的商业中心。另一方面，外城由于不像内城那样受到巨大皇城在中间的阻隔，所以外城既有从内城正阳门延伸到外城正南永定门的南北纵向"中轴线"，同时也有不受阻碍横穿外城东西方向的长纬线，所以与内城的居住区空间结构具有很大的差异性。

  清代北京居住区空间结构特征，除了上述的不同社会等级差异、满汉分离，以及八旗内城居住的特点之外，还有就是居住空间密度大小、四合院规模的大小、胡同的大小等方面，都存在着明显的差异。这种差异存在于内城皇亲贵族的居住区与外城普通汉人居住区的对比上。虽然两者都有"四合院"与"内院"，但是两者还是呈现极不相同的城市景观。

第七章　明清时期的城市

北京外城的胡同

所以，清代京师内城居住分布的商业指向特点受到限制，等级空间的特点得到了强化。因此，越是在城市的中心地带，住宅或街巷的分布越是相对稀疏，而且宽大；而越靠城墙边缘则越密集，而且也越为狭小。这正好像皇城中的人口密度最小，房子最大，街道与胡同也最宽；而贫民的大杂院中的分布密度最大，房子最小，街道与胡同也最狭小。官僚住着占地数亩甚至数十亩的王府宅院，而穷苦贫民们在一亩地的空间要居住许多户人家。所以王府和富商们的深宅大院连成的胡同就宽，而贫民住的陋室小院连成的胡同就窄得多了。

清代北京城的旗民与汉人的居住差异是建立在不同的社会等级基础之上的。总体来说，内城的社会等级水平远远高于外城，这也是中国历代的格局。明末《旧京遗事》记载："勋戚邸第在东安门外，中官在西安门外，其余卿、寺、台、省诸郎曹在宣武门，冠盖传呼为盛也"，显然居所距离权力中心越近，社会地位越高。根据《京师坊巷志稿》的回顾，西安门一线的确有大量

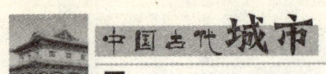

内官衙门，宣武门内也有许多官员居住。另外，城市缙绅的宅第常结集在与他们有极大利害关系的官署附近。书院、书肆、文具店、旧书摊，喜欢设在学宫、贡院的邻近，城里缙绅核心区则常位于衙门一侧，居民区仍多按职业分类居住。

知识链接

山东曲阜衍圣公府

孔子嫡裔孙有世袭的爵位，自北宋崇宁三年（1104年）以后的封爵是"衍圣公"，其职责为管理孔子的祀事及孔氏的族务。衍圣公府习称"孔府"，位于曲阜城内孔庙东侧，是中国现在惟一较完整的明代公爵府。孔府的现有规模形成于明弘治十六年（1503年）。清光绪十一年（1885年）一场大火把孔府的内宅一扫而光，因此留下的明代原物主要是内宅以外的部分建筑物，即大门、仪门、大堂、二堂、三堂、两厢、前上房、内宅门及东路报本堂等。其余均为清代重建或增建。孔府占地总面积约4.6公顷，分为公衙、内宅、东学、西学和后园五部分。公衙是衍圣公举行庆典和行使权力的场所，其形制和明代一般州府衙署相似，大堂居中，前有三重门和东西厢房。二堂是会见官员、处理族务之所，与大堂间有穿堂相联，仍是唐宋以来盛行的工字形平面。两厢是六厅吏员办事之处；内宅和后园是宅眷居住部分；东学是衍圣公读书、会客、祭祖的地方；西学是家属读书、宴饮、待客的场所，建筑形式与庭院布置有较多生活气息，庭中植竹树花卉，配以奇石、盆景；后园虽有较多树木，但布局零乱，缺乏传统园林的意趣。

第八章

古代城市生活趣话

衣、食、住、行是人类赖以生存的重要部分。伴随人类漫长的繁衍、进化过程，这些衣着、食物、居住环境、交通工具等必备条件，也随之一起发展起来，形成各自不同的发展、演变的历史。特别是随着城市的兴起和发展，这些衣、食、住、行的演变，又从另一个侧面，反映了城市生活发展的过程，充分显示了每一个历史时代不同的城市生活水平、社会风尚、价值取向和道德标准。在本章内容中，将重点描绘中国古代人们的生活与休闲娱乐。

第一节
古代城市生活的特征

古代城市生活的发展

　　闲逸、安适和享乐，这是"城里人"追求的目标。中国封建社会的早期城市中，占主要成分和具有主导地位的社会阶层，是统治集团和贵族豪绅阶层。城市，对于他们来说，是其权威和尊严得以反映的场所。一座城市的大小和规模，以及这座城市所具有的社会地位和影响，完全是由这个城市主人的身份及地位决定的。附着在这位城主周围的利益集团，通过各种措施和手段来维护这位城主的权威和尊严，从而也就维护了他们自己的利益。

　　在他们眼中，城市由两部分组成：一是他们权威和尊严的体现之处，即官衙机构；二是他们享受因权威和尊严而取得物质利益的处所，即内宫。这两部分合起来，就是历代城市中的宫禁区。但他们也深知，如果城市仅仅只由宫禁区组成，这样的城市是运转不起来的，不但他们的权威和尊严无法得到体现，与之相应的物质利益也同样无法实现。要达到这一切，在城市中必须还要有为之服务的下层社会——城市平民，以及各式各样的手工业者。同时，为了满足他们奢侈的生活需求，在城市的宫禁区之外，还必须有一个供他们猎取"珍奇玩好"的场所——市场。因此，在封建堡垒的城市中，能容忍这样一个下层社会和市场的存在，其原因是统治者出于自身利益的考虑。因此下层社会人们的生活，在当时的城市生活中是得不到反映的，充其量也只能成为当时城市生活的点缀。

　　在这样的社会里，一方面统治阶级追求深宫内院中的极端奢侈、纸醉金迷的生活；另一方面平民的生活处于极端的贫困之中。这两者的反差越是明显，就越能体现出他们的权威与尊严，否则将是"礼崩乐坏"，大逆不道了。这种思想在封建社会是根深蒂固的，即使到了封建社会后期，统治阶级内部仍然认为："人聚于乡而治，聚于城而乱。聚于乡则土地辟，田野治，欲民之无恒心，不可得也。聚于城，则徭役繁，狱讼多，欲民之有恒心，不可得也。"（《日知录·人聚》）这里说的"人"，当然是指劳动人民。

清朝的内宫

显而易见，他们认为城里只能容纳统治集团，而对城里的平民百姓则必须加以控制，只有让其在农村种地，才能有利于社会的安定和发展。

在一个正常发展的城市中，商业贸易功能是它所应具备的重要功能。事实上，在中国封建社会城市发展的每个高潮中，商业贸易的发展都曾起过重要的作用。如春秋战国时期、西汉时期、南北朝时期，都是中国封建城市迅速发展的重要时期。尽管当时战乱频仍、烽火连天，但商队的驼铃马蹄，市场的喧嚣嘈杂，仍然表现出顽强的生命力。

唐朝经济迅速发展，到了宋代，特别由于农业的发展，使大量的农产品开始向商品转变，这是社会经济发展的巨大进步，也推动了商业的发展。各地经济普遍发展的结果，使长途贩运商业逐渐衰退，而手工业也由原来单纯制造奢侈品，转向制造日用品。由于官营手工业对重要行业、盈利显著的行业的垄断，迫使民间手工业只能向民间日用品方向发展。事实上，正是由于这一点，才促使了商业的进一步发展。

在统治者看来，它们所垄断的手工业是能赚取高额利润的项目，如采矿、冶炼、贵金属加工等。而那些日用手工业品既费工，利润又少，因此就"让利"于民间。事实上，日用手工业品具有投资少、工艺要求低、市场大、原料充足等官营手工业无法比拟的优点。更主要的是它开发了面向社会下层——平民百姓的广阔市场，因此使它具备了蓬勃的生命力。从宋代起，民间手工业如同雨后春笋般大量涌现。正是这些一家一户的小型手工作坊，冲破了西周"营国制度"中规定的"集中市制"，冲破了封建统治者对市场的控制，促使封建城市中单调的堡垒功能向多功能方向转变，中国城市由此开始了欣欣向荣的局面。

城市的这种变化，正是社会经济的发展，其中特别是商业发展的结果。在城市所能具备的各项功能中，最为活跃的功能就是商业贸易功能。古今中外，描写城市繁荣景象，都不会忽略对其商业繁荣的描写。可见，商业发展在城市生活中有不可缺少的重要作用和地位。可以这样说，商业活动犹如城市生活的润滑剂，它能加速城市各种功能的运转，增添城市生活的乐趣和情调，促进各行各业的发展。

中国封建社会的初期，由于社会经济发展滞后，加上封建统治者竭力维护其专制独裁的封建统治，使其始终保持封建统治堡垒的单一功能。但是，生产力的发展是任何人都无法控制的，它必然带动社会各行各业一起发展，而商业活动也必定随之兴旺发达起来。北宋政权建立以后，由于社会经济的继续发展，以及与之同步的城市经济和城市生活的发展，突破了原有的城市规划和城市建设体制，又形成了对封建统治体制的冲击。它首先表现因商业活动的发展，继而发生的"城市革命"，使"集中市制"和"坊巷制度"瓦解；接踵而来的是城市功能多元化的兴起；城市生活逐渐体现了城市居民的大多数——平民阶层的生活情趣，由贵族化趋向平民化。自此，城市中的每一个成员，都能在城市生活中找到自己的位置，无论是贵族还是平民，文人还是官宦，商贾还是杂役，芸芸众生，都以自己的生活方式，作为整个城市生活的一个组成部分，点缀着城市生活的色彩，构成一幅色彩斑斓的都市生活图卷。

城市生活服务的兴起

商业贸易功能，是城市重要的功能之一。在正常的经济发展过程中，是社会生产带动了商业生产、商业贸易的发展，从而带来市场的繁荣。但在中国封建社会中，特别是在其社会生产不发达的初期，事情恰恰相反，不是生产促进商业，而是商业决定生产。这在中国封建社会早期贩运商业盛行的时代，表现得更为突出。贩运商业的商品，大都为贩运两地互相视为异物的"珍奇玩好"，或是当地的土特产，经过加工而成的珍贵物品。这些商品均属于高档奢侈品，贩运到异地，立即身价百倍，这就刺激了该商品的产地，将其作为采集和加工的热门对象。所以，贩运地的生产，被由此产生的高额利润刺激了起来。

这种情形的产生，完全是由当时封建体制下的小农经济所造成的，小农经济强调的是自给自足，所谓"五亩之宅，树墙下以桑，匹妇蚕之，则老者足以衣帛矣。五母鸡，二母彘，无失其时，老者足以无失肉矣。百亩之田，匹夫耕之，八口之家，足以无饥矣"（《孟子·尽心上》）。尽管这是封建社会从未实现过的梦想，但在漫长的封建社会中，上自统治者，下至普通百姓，都将其作为理想目标在追求。如南北朝时，人们仍然认为："生民之本，要当稼穑而食，桑麻以衣，蔬果以蓄，园场之所产，鸡豚之善附，圈之所生，爰及栋宇、器械、樵苏、脂烛，莫非种植之物也。至能守其业者，闭门而为生之具已足，但家无盐井耳。"（《颜氏家训·治家》）在这样的社会体制下，作为社会最基础的单位——家庭，它的生活来源，不是依靠社会所得，而是依靠全家老少的齐心协力、男耕女织来维持。生活必需品（粮食、衣物）、日用品（简陋的家具、什物）、生活调剂品（逢年过节用的鸡鸭鱼肉酒等），都是靠自己生产所得而不是从市场通过交换来取得（除了铁器、食盐等之外）。这种经济体制决定了当时商业活动的对象，绝不会是普通的平民百姓，而贩运的货物也绝不会是普通的日用小商品。而只能是异地的"珍奇玩好"，并以此激起统治者和贵族豪绅的奢欲和追求，从而产生巨额的商品利润。这就是司马迁所说的"百里不贩樵，千里不贩粜"（《史记·货殖列传》）的原因。

这种情况的改变，与社会生产的发展、大一统专制的削弱和瓦解密切相关。中国社会各个分裂时期，社会遭到极大的破坏。但在这些分裂时期中，大都蕴涵着社会质变的因素。因为所谓的分裂，只是指大一统的政权瓦解。然而分裂后的政权，其维持的政治体制仍然是专制统治形式，即由一个大的专制政权变为几个小的专制政权。如春秋战国各大小诸侯国；三国时的魏、蜀、吴；南北朝的宋、齐、梁、陈、北魏、西魏、北齐、北周。这些国家要生存、要发展，必然要发展本国的经济。因此，从表面来看，大一统政权的分裂，在开始时，社会经济遭到了巨大的破坏，然而接下来的却是分散的、局部地区的迅速发展，而导致下一历史阶段进一步的飞速发展。从中国历史的发展中,充分体现出了这一点。没有春秋战国的社会变革,就不会有秦汉时期的经济飞跃;正是南北朝时期的制度变革,才会有唐朝政治、经济、文化的辉煌。中国历史的大量质变因素,正是在所谓的分裂时期完成的。

三国时期,曹操为了本集团的利益,十分注重发展经济,增强实力,实行"劝农"、"广田"、"垦荒"的政策。曹操招募流民,实行屯田。为发展贸易,并为安全起见,他把城市中的"市场"从后宫移到了坊巷之中,客观上把市场推向了社会,推向了民间。虽然这时的市场仍在官府的管辖之中,但不可避免地促进了市场与民间的接触,扩大了市场的包容量和商品构成的范围。从此,一场市场的变革渐渐兴起,市场由单一面向贵族,开始向平民开放;经营范围由单纯的奢侈品,扩大为与普通生活用品并存,进而形成面向平民百姓的大众服务行业。搞不好市场就对官吏治罪。如黄初二年(221年)就曾拘捕了兴市不利的南阳太守。

随着分裂时期区域经济的不平衡发展,南方的社会经济迅速超过北方,中国城市发展的道路,由此(指南北朝)迈向两条不同的发展道路。以区域经济的发展为动力的南方新兴城市,迅速形成了各具特色的城市经济和城市生活,作为城市所应具备的各项功能,伴随城市的兴起和发展,逐步完备起来,打破了以往城市单一功能的格局。

在南朝的城市中,开始出现了小本经营的小商品经营者。这种商业活动的对象,显然已不单是面向达官贵人了,更多的是面向城市中大量的平民阶层。如"戴法兴,会稽山阴人也。家贫,父硕子,贩纻为业……法兴少卖葛于山阴市"(《宋书·戴法兴传》)。"会稽人陈氏有三女……相率于西湖采菱菂,更日至市货卖,未尝亏息。"(《南齐书·韩灵敏传》)"沈瑀(南梁振武将军,余姚县令)微时,尝自此鬻瓦器,为富人所辱……"(《梁书·沈瑀传》)

从这些历史记载中不难看出,这些贩葛、贩瓦器的活动,与司马迁说的那种"百里不贩樵,千里不贩粜"、"动辄巨万"的大宗长途贩运商业,已是大相径庭了。首先,在贩运路途上,这些小贩的贩运路途,已不是百里、千里之遥,而是城郊之间的短途贩运。从西湖边采集菱菂,"更日至市货卖",充其量亦只几里、十几里的路程,否则怎能保持货物的新鲜?其次,这些小商贩的本金都是微乎其微,采集菱菂,无须本钱,只要力气;鬻瓦贩葛,都是小本经营,不然怎会"为富人所辱"?再次,这种小商贩的经营对象,不仅有富家豪绅,也有平民百姓。

第八章 古代城市生活趣话

南梁时，朝廷重臣吕僧珍回故乡任刺史，他那以"贩葱为业"的叔伯兄弟想攀附其势，讨个一官半职。哪知吕僧珍为官清廉，将其教训一顿，要他不可"妄求叨越，但当速返葱肆"（《梁书·吕僧珍传》）。从这里"葱肆"二字可知，当时小本经营的葱贩子，已不是单个设摊了，他们在市场上已有了相当的数量。"肆"，即出售同一种商品的摊铺，排列成行，称为肆。能够形成葱肆，那么同时也还会有其他各种菜肆、果肆、杂物肆。因此，从这条记载可以推断，起码到了南梁时，在官方控制的市场上，平民百姓的小商品、日用品已是相当普遍了。在中国封建社会中，普通日用品、小商品贸易的发展，是建立在小生产即家庭手工业基础上的。这种家庭手工业在男耕女织的封建社会中，是由来已久的。在市场完全为统治阶级、贵族豪绅服务的年代，家庭手工业的生产目的，除了应付纳税以外，只是为了养家糊口。即使是居住在城市中的手工业者，他仍然无法成为一个脱离了农业生产的城市居民。为了维持生活，他和他的家人必须同时种粮种菜养家禽，来维持一家人的生活。否则，仅仅依靠他的手工业者的身份，他是无法养活自己一家人的。这也就是为什么古代城市中还会有农田的原因。

随着大众日用品市场的开拓，引起了家庭手工业的巨大变化。虽然这种手工业的组织形式依然以一家一户的家庭手工业为基础，但它的生产性质发生了变化，即由自给自足为目的，转变为以出售产品为目的。而手工业者自身的生活来源也可通过市场来解决，从而城市手工业者也成为真正的城市居民了。正因为如此，南北朝时期（尤其在南方），成为中国家庭手工业生产迅速发展的时期。到了唐朝，"除了一些规模大小不等的作坊工业外，绝大部分的手工业制造品是来自家庭手工业，所以除了那些传统的家庭副业不计外，家庭手工业在唐代商品生产中占了一个很大的比重"。家庭手工业的发展，繁荣了市场的贸易，同时也加剧了市场的竞争。因此，"工商皆为家专其业以求科者"（《唐六典·户部郎中员外郎》）。随着小商品、日用商品市场的巩固和发展，手工业生产者（即城市普通

手工业作坊

居民)的生活来源,也就更加紧密地依赖于市场。只有使自己的产品更加价廉物美,才能赚取更多的货币,从而也就能从市场买回更多的生活必需品,使自己的生活更加美满。

据史书记载,唐朝时有许多著名的手工业者,如:阎立德,工匠之子,他继承父业,成为当时著名的工匠。李清,其家世代相传染色技艺,经他手染出的各色丝绸,是其他染匠所不能比拟的。邺城老母村世传织绫之法,凡老母村所织之绫,每匹值6筐米,这在当时是非常昂贵的织绫了。此外还有宣州葛氏的毛笔、虢县的田婆针等,都是当时远近闻名的优质小商品。

利益驱动,推动了家庭手工业的发展,同时也繁荣和发展了市场。商品市场的繁荣,促使了商业向近代型转化,这是中国商业从隋唐开始的重要变化。商业由纯粹的贩运型商业,向商品生产与商业贸易相结合的方向过渡。隋朝东都(洛阳)市内有120行、3000余肆、400余店,而这些行、肆、店,已不是早期城市中那些临时性的摊铺,而是固定的店铺了。到了唐朝,市场内的商业活动又得到更大的发展,这从一些市场内的专用名词含义的变化,也可看出这个发展过程。唐朝的"肆"已完全不是早期封建城市中表示同一商品摊位的排列,而是"所以陈货鬻之物也",而"店者,所以置货鬻之物也"(《中华古今注·卷上》)。这时的"肆"、"店"已类似今天用来零售或批发的商店了。如唐朝长安市内,已有帛肆、鞋肆、衣肆、酒肆、茶肆、书肆,以及类似今天拍卖行或寄卖店的"寄附肆"。除此以外,随着商品生产的发展,唐代城市中又兴起了早期的金融机构——"柜坊",它经营的业务犹如后来的钱庄,一方面吸收存款,一方面经营放贷。柜坊的出现,又把城市商业活动、金融活动推向了一个新的高度。然而,由于封建体制的束缚,尽管唐朝的商业和手工业都有长足的发展,但它始终没能冲破围绕市场四周的高墙。

纵观唐朝商业和手工业的发展和变化,它只是中国商业史上的一个前后交替的过渡阶段,当时的城市仍然保持着"堡垒功能"的主要特点。反映在商业上,仍然是"集中市制"。围绕在市场四周的高墙,虽然已经龟裂斑驳,但还如一圈沉重的枷锁,束缚着商业和手工业的发展。著名学者傅筑夫先生作了形象的比喻:它是"旧瓶中装进了一些新酒"。

这个"旧瓶"到了北宋才被彻底打碎。北周世宗柴荣因看到京城商业的发展,人口的增多,京城原有的规模和建制与日益发展的社会经济不相适应,因此下诏扩大京城的规模和市场的建制。这充分说明"新酒"已在"旧瓶"

中膨胀，陈旧的旧瓶已经开始裂缝。到了北宋，随着社会经济的加速发展，政府终于顺应潮流，下令取消"集中市制"。沿续千年的坊巷、阛阓（古代对街市、店铺的称呼）、宫市制度终于崩溃，"旧瓶"终于被打碎。那高耸坚实的阛阓和坊墙倒塌之后，随之而来的是宽敞明亮的街道和沿街开设的各式店铺。

据史料记载，北宋都城东京（今河南开封），自废除"集中市制"以后，商业区很快发展到全城各处。从图中可见，东京城的布局，与唐长安、魏邺城等其他早期城市相比，除了都设有宫城之外，在东京城的图纸上，已找不到市场的位置了。这并不是东京城里没有市场，而是废除了旧市制之后，固定市场不存在了，各种店铺沿着街巷随处开设，哪儿热闹，哪儿生意好做，哪儿就设有各种店铺。由此，城中的街道也繁华热闹起来。宋朝人孟元老在《东京梦华录》中，详尽地记载了东京城里的街道：如宫城外的东华门外大街、宣德楼外大街、御街、马行街、十字街、晨晖街、相国寺外东门大街、朱雀门外大街、西大街、封丘门大街等。这些街道都是当时东京城中繁华热闹的商业大街。如"东华门外，市井最盛，盖禁中买卖在此"。这里的饮食店铺供应时新瓜果、鱼虾、鳖蟹。还有各式野味：鹌鹑、野鸡、野兔，以及腌腊肉脯等。

从城北马行街到新封丘门大街，这里有许多民宅，这些居民都经营各种买卖，住家的当街前屋往往就是各种店铺，这种店铺都是后院进行生产制作，产品直接拿到当街的铺面上去出售，类似今天所说的"前店后厂"。而这些店铺中，又以小吃店为多。在这些小吃店中，经营着不同的特色风味，如北方口味的李四家、南方口味的金家、专制卤味的段家等。虽然这些店铺都是一些居家小店，但都有相当的实力，"客要一二十味下酒，随索目下便有之"。

东京城内盛行夜市，从朱雀门到龙津桥一带是最热闹的地方，每当夜幕降临，月上树梢，这儿行人也就兴旺起来。这时店铺中炉火正旺，满街鱼肉飘香，吸引着行人临街一坐，品尝各种风味小吃。夏日消暑，夜晚来到店铺凉棚下，抬头月明星稀，棚内凉风习习。吃上一碗清凉的麻腐鸡皮，或者麻饮细粉、冰雪冷元子、水晶皂儿、生腌水木瓜、绿豆汤、甘草冰雪凉水、荔枝膏，一日的疲劳和酷热，全都云消雾散了。冬夜，街上雪花飞舞，店内热气腾腾。烫上一壶好酒，围着店铺中的火炉，要上几盘兔肉、野鸭肉、红烧猪内脏等，既经济又实惠。

东京城内的夜市，一般"夜市直至三更尽，才五更又复开张"。从夜市到早市，其间只隔两个日寸辰。而"如要闹去处，通晓不绝"，"冬月虽大风雪阴雨，亦有夜市"，甚至到了三更时分，还有"提瓶卖茶者"（《东京梦华录》），足见当时市场的繁荣。

随着城市功能的齐全，城市生活也日益丰富多采。一方面城市居民脱离农业生产的程度越来越大；另一方面城市手工业者的专业分工也越来越细。结果必然使大众服务行业日趋完善。从史料中反映的北宋城市生活方式来看，它已基本脱离了早期封建城市那种生产盲目性、自给自足型的生活方式，而完全融入城市居民应该具备的那种生产专业化、生活消费型的生活方式中去了。而这种消费型生活方式，正是以社会化的大众服务行业为基础的。

中国社会进入北宋以后，城市大众服务行业也日臻完善。

在东京旧城封丘门附近，有许多郎中大夫，治疗各种疾病。如专治口腔咽喉疾病的郎中有杜金钩家、曹家、山水李家；专治小儿疾病的郎中有银孩儿、石鱼儿、柏郎中家；以及擅长妇科和接生的大鞋任家等。与此相配，还有不少生药铺和熟药局，如南门大街的熟药惠民南局、西大街的熟药惠民西局，相国寺东门的孙殿成药铺、宋家生药铺，大内右掖门外的丑婆婆药铺。

上清官附近的甜水巷里，当时还开了一家"浴室院"，到了南宋的杭州城里，则称浴室为"香水行"。处于封建社会的城市中，能有面向城市居民开放的浴室出现，足见当时城市的社会诸功能已相当齐备了。

相国寺附近，有出售各式花样的冠帽、妇人戴的特髻冠子、靴店，以及专卖各种书籍、国画和珍贵玩好的店铺。

为迎合市民的需要，各种修理行业也发展了起来，如箍桶、掌鞋、刷腰带、修幞头冠帽、补角冠、修扇子柄，以及专为住家干洗毡、淘井等活儿的杂工。每天早上，在街口桥边、市场人多拥挤之处，都有一些自带工具的木工、竹匠、泥瓦工等守候着，等待招呼。谁家如有门窗坏了，家具需要修理，或者屋顶需要补漏，砖墙需要泥补，都可以到这里来寻找工匠。除此之外，这里还有一些并非工匠的"闲人"，他们或者体力强壮、或者能言善道、或者人缘极好，也在此等待人们请他们去帮助操办红白喜事或紧急事情。谁家要办事，如要邀请客人，只要开出客人清单，并支付一定的报酬，这些人就会将要办的事情全部张罗起来。从采买物品、涮洗烹调、邀请亲友、接待客人、端茶上菜，一一办得井井有条。这些人，当时称之为"白席人"或"四司人"。

除了民间的服务性商业活动外，为适应城市生活的需要，政府也设置了

第八章 古代城市生活趣话

繁荣的城市景象

相应的机构，如治安防火机构。北宋东京城内，每隔一段距离，设有"军巡铺屋"一处，配有铺兵5人，这些铺兵类似今日的巡警。他们轮流负责白天的治安和夜间的巡逻。古代城市中，大都是土木结构的草房，只有少数显贵、富有者的房舍，才是砖木结构的房屋。如到了气候干燥的季节，这样的居住区是极易引起火灾的。因此，类似今日城市中的消防瞭望楼，在宋朝时已经有了。当时叫做"望火楼"，由于古代城市中没有高楼大厦，所以这时的望火楼一般只有四五丈高。楼上有人瞭望，楼下设有官屋数间，驻有铺兵一百多人。平时备有大小水桶、麻袋、斧锯、梯子、火叉、长短绳索等救火工具。一有火警，驻兵马上出发相救，这种机构已十分类似今日的消防队了。

每到夜晚，除了官府的巡逻兵丁之外，各寺院都有专门的行者、敲打铁牌子或木鱼儿循街打更、报晓。按古代的规定，入夜以后，每过两个时辰就要报一次更，称为"打更"。四更以后，则为"报晓"。打更与报晓，在以往的城市中，只是在宫中才有。而到北宋以后，随着城市经济的发展。打更和报晓也开始了"大众化"。每日交四更，各寺庙中负责报晓的行者、头陀们分行于各自包干的区域。若是天晴，则报"天色晴明"，或报"大参"、"常朝"；天阴则报"天色阴晦"；天下雨则报"雨"。"虽风雨霜雪，不敢缺此。"（《梦粱录》卷一三）这些负责打更、报晓的行者或头陀，按各寺约定的管辖区域，白日在这里化缘，夜晚负责打更报晓。

在宋朝的东京城中，那些适应城市生活、面向普通居民的商业活动、大众服务行业，在整个商业贸易活动中的比例越来越大，整个商业活动的趋势，越来越向着城市普通居民的供求方向发展。商业活动的规模日益扩大，与城市民众的日常生活也更加贴近。在这样的城市中，城市居民的生活已离不开市场，那种唐代以前的单调的城市生活已一去不复返。宋朝城市的商业功能，已开始向近代城市的方向迈进了。原来单一为贵族服务的商业活动，以及由官府对商业活动、市场、商品等制定的种种界限都已打破，城市的功能，也日趋"平民化"，大众服务行业已日益显示出其旺盛的生命力，它在城市商业贸易中的作用和地位已不可或缺。

知识链接

宋朝的金融商业

宋朝的金融商业繁盛，通行的货币有铜钱、白银。太宗时期，每年铸币八十万贯。到神宗熙宁六年，已达六百余万贯。由于商品入口，宋朝大量铜钱、白银外流，造成硬通货短缺。真宗时期，成都十六家富户主持印造一种纸币，代替铁钱在四川使用，是为交子。这是世界上最早的纸币。仁宗后改归官办，并定期限额发行。徽宗时期，改交子名为钱引，并扩大流通领域。南宋于1160年（高宗绍兴三十年）改为官办"会子"，会子主要有东南会子（也叫行在会子），湖北会子和两淮会子。但是为防止铜钱北流，宋朝政府规定在与金交界处仍然只能使用铁钱。与交子不同，会子是以铜钱为本位的，面值有一贯（一千文）、两贯和三贯三种，后增印两百文、三百文与五百文小面额钞票。干道五年定为三年一界，每界发行一千万贯，以旧换新。

第二节
古代城市生活面面观

古代城市生活写照

随着城市经济的发展，城市所具备的各项功能日益完善，城市中的市民生活，从原来无足轻重的地位，日益成为城市生活的主体。在隋唐之前的城市中，政治、经济、文化、娱乐诸方面，都集中于宫城或市场之中。走出宫城或市场，四周都是冷冷清清。然而隋唐以后，特别是北宋以后的城市中，除了政治中心仍然局限于宫城之中，经济、文化、娱乐等方面，都已越出了宫墙，来到了平民百姓之中。自从北宋的"城市革命"之后，阛阓

《清明上河图》局部

崩塌，坊墙废弃，城市生活日益与平民百姓结合起来，恰似如鱼得水，很快发展起来。引得那些宫城中的太子、公主"思凡"之心骤起，美其名曰"微服私访"，实质是想看看民间繁华的城市生活，这样的记载在中国古代史籍上俯拾皆是。

由于历史的局限，我们已无法再看到当时城市生活的真实状况，只能在史籍的记载中，得知一二。然而，我们要感谢古代那些著名的绘画艺术大师，以他们高超的技艺，在流传至今的画卷上，为我们留下了当时城市生活的面貌。这方面，当首推北宋画家张择端的《清明上河图》，它把读者带到了800年前的古代城市——北宋国都东京城中。

北宋画家张择端以其精湛的技艺，细腻的笔法，为我们保留了历史的场景。全图共画了550多个不同人物、50多头牲口、20多乘马车、20多艘船只，以及30多组房屋……作者正是通过这些景物的描绘，反映了北宋"城市革命"所带来的欣欣向荣景象。

首先，全图已看不到唐朝以前城市中专门区划市场的阛阓，也看不到控制百姓居住区域的坊墙。城里城外，店铺林立，民居和店铺纵横交错。一扫唐朝以前城市的森严之气，代之以一派生机勃勃的景象，这正是作者通过画卷所要表达的主题。

其次，作者巧妙地通过三段的组合，将三种不同特点、不同风格的画面有机地融合在一起，前段幽适恬静，这是中国传统小农经济、田园风光的典型风格。中段表现出城市生活的快节奏，桥上路人行色匆匆，船上水手撑篙、摇橹、搬运，忙个不停。整个中段与前段的气氛截然不同，通过城市的快节奏与乡村的恬静舒适的对比，表现两种不同社会组织形态的区别。然而进入后段——街市，则又别有一番风味，它既无乡村田园的恬静，又无舟船、码头上的繁忙，它所表现的完全是商业社会中的另一种风格。人们三五成群购物时的讨价还价；路上行人边走边聊的闲散舒适；茶馆、酒楼中的花天酒地……一幅城市市民生活的百态图，跃然纸上。

这三种不同的景物，实际正反映了中国城市生活在北宋时所发生的巨大变革。同样是描写市场的作品，如反映汉代市场交易的《东汉集市画像砖》，在这幅砖刻画中，就丝毫没有《清明上河图》中的那种繁华景象和喧闹气氛。尤其是图中左上角和右上角分别刻有的"北市门"、"南市门"字样，完全证实了当时的市场是在政府规定的阛阓之中进行的。张择端的《清明上河图》揭示了中国城市生活向近代迈进的开端，无疑是中国城市发展史上，通过绘画形式表现出的里程碑。在它之后，如《皇都积胜图》、清朝《盛世滋生图》、《康熙南巡图》等,都生动形象地反映了当时繁华的城市生活。

古代城市的服饰文化

俗话说,"穿衣戴帽,各人所好",但纵观人类发展的历程,人们的衣着是受时代制约的,至于"各人所好",也只能在当时的社会条件中,让各人尽其所好。在茹毛饮血的时代,不可能也不会有西服革履的要求或嗜好。在《墨子·辞过》中,墨子记载了远古先民对衣服作用的理解:"古之民,未知为衣服时,衣皮带茭……故圣人为衣服,适身体,和肌肤而足矣,非荣耳目而观愚民也。"这里强调在上古之时,所谓衣服,只是用来取暖和保护身体的。在《释名·释衣服》中,也这样解释"衣服":"上曰衣,衣,依也。人所依以庇寒暑也;下曰裳,裳,障也。所以自障蔽也。"可见"庇寒暑"、"自障蔽",这是人类所以会穿上衣服的首要原因。

从人类学的角度看,人类从赤身裸体到为取暖、保护身体而着衣、遮羞而遮盖自己,进而发展到为美化而装饰自己。这是人类体质、思维、意识进化的表现,是人类进化史上的飞跃。

随着人类社会的发展,特别是当城市出现以后,衣服的作用渐渐异化为"荣耳目而观愚民"。一个人的衣着,除了取暖和遮羞外,更主要的目的是为了给别人看,从而显示出自己的地位、等级和尊严。这种作用随着城市兴起、城市生活的形成,而愈加显露出来。衣服逐渐成为一种人与人之间的交际媒介。从而也就有了"佛要金装,人要衣装"的说法。春秋战国时期的《列子·汤问》中说:"南国之人祝发而裸,北国之人鞨巾而裘,而中国之人冠冕而裳。"这段话生动地体现了随着社会经济,特别是城市经济的发展,在不同地区中衣服所起的不同作用。

春秋战国时期,南方大部分地区还未开发,一则由于风俗习惯(即"断发纹身"),二则因为气候温暖,因此当地人可以裸而无衣。而北方大多数少数民族此时还处于游牧部落阶段,苦于气候寒冷,只能裹巾拥皮以御严寒。而中原地区(即"中国"),这时农业经济已相当发达,春秋时期又是城市大量兴起的阶段,因此衣服也就不仅仅是取暖遮羞,更重要的是通过冠冕服饰来显示人的身价。故西汉韩婴在《韩诗外传》中说："衣服容貌者，所以悦目也。"按照当时的价值观念，绫罗绸缎、冠冕堂皇者（即统治者和贵族），当然是悦目的，而那些筚路蓝缕、褐襦裹身者（即贫苦百姓），自然是不屑一顾了。

因此在城市中，除了那些身穿蟒袍公服、使人望而却步的统治阶级之外，凡身穿袍、袿者，大多为有身份、有地位的富有者。而衣着褐、襦者，都是社会下层的卑微者。俗话说"物以类聚，人以群分"，在当时的社会中，政治地位和经济实力把城市中的人群分成不同的群体，即各种社会阶层。而服装则成为这些不同群体的外部包装，更使这些不同群体的区分一目了然。

当时的社会，做官的有官服，经商贩卖者有商贾的打扮，文人阶层又有文人的打扮，而从事体力劳动的城市平民，则有其固定的传统衣着。如西汉时规定当官的人，除了在正式场合必须衣着官服外，平时闲居时可穿便服、佩带宝剑，以此区别众人。而对商人却规定不许佩剑，不许穿丝着锦，更不许乘车骑马。到了西晋，如前所说，更是规定商人必须头裹白巾或在帽额上贴一块白布，上面写清自己的姓名、做何买卖；并还规定脚上的鞋子要穿一只白的一只黑的。即使到了北宋初期，还有类似的习俗："其卖药卖卦、皆具冠带。至于乞丐者，亦有规格，稍加懈怠，众所不容。其士农工商，诸行百户衣装，各有本色，不敢越外。谓如香铺里香人，即顶帽披背；质库掌事，即着皂衫角带不顶帽之类。街市行人，便认得是何色目。"（《东京梦华录·民俗》）

而文人阶层又有其特殊的衣着打扮。古代知识分子衣服的领子是方形的，《诗经·子衿》："青青子衿"，《毛诗》注为"青衿，青领也，学士之服"。《后汉书·马援传》注曰："颈下施正方，学者之服也。"为了表示读书人的清

清朝官服图案

高，知识分子可以不戴冠帽而着头巾。如《汉书·王式传》中记载："博士衣而不冠。"

除了服装式样的规定之外，连衣服的颜色也有严格的限制。上自当官的官服，下至平民百姓的衣着，都规定了不同的颜色，以区别不同的等级和尊卑之序。黄色，代表了尊贵和富有，这是帝王专用的颜色，任何人不得擅用。将相官服则由不同的颜色，如紫红、大红、黑色等来表示他们的不同职务和品第。北宋初年、江南初定，李后主以帝王之尊，沦为阶下囚，所属百官公卿中，不少人投靠了北宋。北宋政府为表示对李朝的藐视，命令这些留用官员，不论官品高下，"例令服绿"，"以示别于中国也"（《燕翼诒谋录》卷四）。

为何"服绿"是对人的侮辱呢？这是中国自古以来，视绿色为诸色中之下等。今天所谓的绿色，在古称中表示碧、青、绿等，这种色彩，历来是下等人衣着的颜色。唐封演的《封氏闻见录》中说："李封为延陵令，吏人有罪，不加杖罚，但书裹碧头巾以辱之。随所犯轻重以日数为等，日满乃释。吴人着此服出入州乡以为大耻。"沈括在其《梦溪笔谈》中也说过："苏州有不逞子弟，纱帽下着青巾，孙纯伯知州判云：'巾帽用青，屠沽何异？'"可见，宋太祖要用绿色官服来羞辱李朝官员，也就不足为奇了。

宋元以后，绿色服装则成为"乐人"和"娼妓"的专用服色。大街上只要看到穿绿色服装或戴着绿色帽子的人，就知道此人专营为人取乐之业。这也就是后来取笑纵容妻女从事卖淫之人为"戴绿帽子"的由来。

然而明代以后，随着城市生活水平的提高、纺织业的发展，衣服色彩也随之丰富起来，绿色服装也不再从属"下贱"之列，而成为仕女贵妇喜好的一种色彩。如明代皇帝赏赐给大学士张居正母亲的物品中，就有绿膝阑裙一套、绿丝暗花裙一套（《张居正集·谢赐母首饰疏》）。又如《金瓶梅》与《红楼梦》中，都有大量篇幅描述妇女的衣着打扮。但其中有一个很明显的特点，那就是《金瓶梅》中绝无红袄配绿裙的描写，而在《红楼梦》中却有许多绿裙绿衣的描写。这正是城市生活水平的发展、服装色彩日益丰富的缘故。从明代开始，色彩已冲破了等级尊卑的束缚（除帝王专用的黄色以外），以其绚丽的色彩装点着世人的生活，这无疑是社会生活的一种进步，更是生活水平、生活质量提高的表现。两本书在这方面的区别，正是因为《金瓶梅》反映的是宋代社会生活，而《红楼梦》则是反映着清代的社会生活。虽然《金瓶梅》的作者是明代人，但他仍然充分注意到了这一社会特征。

服装作为世情、民情、国风盛衰的反映，也随着城市生活的发展、生活水平的提高而越来越明显。历代文献中，凡是褒奖民风淳朴或针砭世风奢靡，无不论及时人的衣着。即使是今日，凡谈到剥削阶级压迫人民，很自然地会有穷人衣不蔽体、破衣褴衫的描写。这足见服装保暖遮羞功能的异化，以及它作为折射社会生活发展水平、反映社会风气盛衰的衡量作用日见显现。

中国历史上有过多次"盛世"、"中兴"之时，更有政治黑暗、世风日下的乱世。司马迁以西汉文帝皇后"令衣不得曳地，帏帐不得文绣，以示淳朴"。司马贞以"绨衣（质地粗厚的衣服）率俗"来颂扬文帝夫妇的俭朴和"文景之治"的由来。后晋人刘昫也赞扬唐玄宗"悉命宫中出奇服，焚之于殿廷，不许世庶服锦绣珠翠之服"的措施，认为"自是采捕渐息，风教日淳"（《旧唐书·五行志》），由此出现"开元盛世"的盛唐繁荣景象。虽然文景之治、开元盛世的由来，并非是由服装的奢俭与否来决定，但史家将此作为世事转变的一个折射点来观察，是不无道理的。

魏晋之时，阮籍等名士因对世事的不满，蔑视功名，整日袒肩露胸、衣履不整。"去巾帻，脱衣服，露丑恶，同禽兽。"（《世说新语·德行》）知识分子这种玩世不恭、嗟生忧死、痛苦彷徨的表现，正是当时政治黑暗、世风日下的具体反映。而清末慈禧六十大寿之庆，仅制作各式服装就达100多套，用银近4万两。尽管这只是表现在衣服上，但作为一国的实际统治者，如此奢侈浪费，挥霍民脂民膏，不正预示王朝的崩溃已是指日可待了吗？

服装的发展，还与社会经济的发展，特别是农业和手工业的发展有着紧密联系。宋代以前的手工业大多集中在官府。以服装为例，汉代有东西织造，宋代有文思院等。虽然其产品都是为帝王、贵族、官僚服务的，但正由于这个原因，在它的产品中，涌现出大量的精品。如马王堆西汉古墓中出土的丝织内衣，薄如蝉翼，重量不到一两。尽管这样的衣服与平民百姓无缘，但它却无可辩驳地显示，当时中国纺织技术处于世界之巅的事实。同时，正是这种高超的纺织、服装技术，才为古代社会提供了服饰文化发展的可能。

第八章 古代城市生活趣话

从中国服装潮流的变化来看，历来是城市领导乡村，在城市中又是宫廷领导平民。如《后汉书·马援传》中说："……城中好大袖，四方全匹帛。"白居易在其《时事妆》中也说："时事妆，时事妆，出城中，传四方。"而在城市中，又是"异装奇服朝新于宫廷，暮仿于市井，不几月而满天下"（《都官集·敦化》）。我国古代最早的常用服装原料当数丝织品，《诗经》中就有许多关于丝织品的名词，见诸以后的史料中，更有诸如丝、绸、锦、纨、绮、绫等丝织品的名称。这些织物，历来以精良的面料、精美的色彩、精细的做工而蜚声海内外。这与传统的男耕女织的生产形式分不开，也与历来官方规定和倡导种桑养蚕有关。东汉建武年间，茨充担任桂阳太守（今广西桂林地区），这一带原来没有种桑养蚕的风俗，更不会纺丝织锦。茨充就把中原人民种桑养蚕、抽丝纺织的技术教会了当地的百姓，致使蚕桑、丝织在当地发展起来。

唐宋之前，中国百姓的衣着原料主要是葛和麻。那些丝织品，虽然出自农妇之手，但那只是作为交赋纳税之用，享用他们的则是那些王公贵族和富裕人家。而农夫农妇，只能穿着用葛、麻编织而成的粗糙衣服，冬天则穿用兽毛编织的褐来取暖。一直到元代，棉花种植逐步从南方扩大到全国，棉花才开始成为平民百姓的主要衣料。著名女纺织家、松江乌泥泾（今上海华泾镇）人黄道婆，对我国棉纺织业作出了巨大的贡献。她年轻时在海南岛向黎族人学会了纺棉花和织棉布的方法，后返回故乡，通过她的传授和对纺织工具的改进，使棉纺织业得到巨大的发展，为中国特有的服饰文化，

丝织品

又增添了光彩夺目的一页。

　　社会经济的发展，生产技术的进步，为服装的发展提供了条件和可能。而服装变化的动因，是城市社会功能的完备和城市生活的繁荣。在唐之前，由于城市只具备单一的封建堡垒功能，因此反映在服饰变化上只能是帝王将相、后妃贵妇的各种服式。自从宋代以后城市社会诸功能的齐全、城市生活趋向平民化，因而宋元、明清时期民间服饰繁荣兴盛、绚丽多姿。

　　在中国古代社会大变动时期，除了政治黑暗、经济凋敝之外，也伴随着社会风气的糜烂。因此风气的变化，必然影响到服饰的变化。这种变化，在城市中特别明显。

　　春秋战国时期，是中国社会一个变动时期，《荀子·非相》中记载了这样一种社会现象："今世俗之乱君，乡曲之儇子，莫不美丽姚冶，奇衣妇饰，血气态度拟于女子。妇人莫不愿得以为夫，处女莫不愿得以为士，弃其亲家而欲奔之者，比肩并起。"为此统治者不得不下令：穿着奇装异服者杀。《汉书·五行志》中也提出"风俗狂慢，变节易度，则为剽轻奇怪之服，故有服妖"。《后汉书·五行志》中也把当时京城中妇女的奇装异服看成是"举宗诛夷"的前兆。古人从封建礼制的角度来审视奇装异服，并将此作为国运盛衰的一个预兆，似乎有些牵强附会，但由于政治的腐败，风气的沉沦，两者又有一定的因果关系。

　　奇装异服与服饰新颖、颓废心理的发泄与对美好事物的追求，有着本质的区别。在中国封建社会中，凡政治清明经济繁荣时期，反映在服饰演变上，呈现出一种美好、活泼、向上、健康的审美情趣。而在政治黑暗时期，反映出来的则是庸俗、丑陋、病态、扭曲的情调。以妇女服饰为例，在盛唐时期，妇女的服饰是相当开放的。敦煌壁画中对妇女的描绘，无论是形体勾勒，还是服饰的薄、透、露上，都与前代有所不同。这些妇女图像尽管相当开放，但丝毫没有邪恶之念，表现出来的是盛唐之时风气的开放、妇女的健康丰满，给人一种向上的健康的审美情趣。但在魏晋政治黑暗腐败之时则不然，曹魏大将曹洪设宴，命歌女穿着极透明的"罗縠"之衣，在客人面前跳舞。而魏明帝有过之而无不及，整日在宫内让歌伎表演"裸袒淫戏"，最后连皇帝宝座都丢了。在这里，轻薄透明的妇女服饰，是为丑恶心灵提供一种感观宣泄，无论从社会风气还是从审美角度来看，都只能是一种丑陋、病态的心理反映。而在明清时期，虽然妇女都被裹得严严实实，但反映的却是理学家们的虚伪和残忍，在那道貌岸然的外表下，掩盖着对妇女的摧残和压抑。因此，无论是古代还是现代，将服装比作社会风气的写照，是很恰当的。

　　与服饰相配，还有冠帽，这也是古人非常讲究的一个方面。那时，从一顶帽子就能知道人的身份和地位。20岁以下的人，除了在童年时戴着诸如虎头帽等童帽之外，在当时是不能戴冠帽的。只有到了20岁，举行过冠礼，表示此人已进入成年，才可以戴上冠帽出入。一旦行过冠礼，正式束发戴冠之后，在任何公开场合都必须正冠正服，否则不仅是辱没了自己的尊严，也是对别人最大的不敬。正因为有这种规定，孔子的学生子路在与敌人格斗之时，被打断了系冠的缨带，头上的帽子将要掉下来。由于"君子死，冠不免"的观念在子路脑中根深蒂固，于是尽管刀剑架颈，子路全然不顾，放下武器，去结缨正冠，其结果当然可想而知。子路宁死卫冠的举动，虽然迂腐可笑，但也足见古人对冠帽的重视了。

　　除戴帽以外，男子还可"裹巾"。《后汉书·鲍永传》中说："（鲍永）悉罢兵，但幅巾与诸将及同心客百余人诣河内……"李贤注曰："谓不着冠，但幅巾束首也。"巾，始于西汉文帝之后，在《隋书·崔廓传》中，崔赜曾说："汉文以前，未有冠帻。"帻，即头巾。由于头巾较为实用，戴者非常普遍。而用什么面料来做头巾，完全可由各人的经济实力来决定。因此，一般平民百姓都用头巾来束发，而那些官僚贵族在家闲居时，也常常不戴冠帽而着头巾。

由于每个人头巾的戴法各不一样，因此在世面上流行各种不同的头巾。如明代初年，杨维桢头戴方巾见皇上，这在封建礼制中是属大不敬的。面对朱元璋的质问，他机智地回答：这叫"四方平定巾"。朱元璋一听大喜，非但不加责怪，反而将此"四方平定巾"向世人推荐。此外，由于一些文人平时桀骜不驯，落拓不羁，因此反映在头巾上也各有各的戴法，与世人不一，引得众人热衷仿效。如仿效白居易的戴法，称为"乐天巾"，仿效苏轼的戴法，称为"东坡巾"。

古时候的巾有很多叫法，如头巾、领巾、车巾等。它们都是用一块方形的帛或布制成。但随着时间的推移，有的头巾逐渐演变为帽子的一种。如"幞头"，又称"折上巾"、"软裹"。幞头的采用，主要是为其便利，适合军旅作战需要。最早起于曹魏时期，唐人刘肃在他的《大唐新语》卷一〇中说："折上巾，戎冠也……咸便于军旅。若袁绍与魏武帝战于官渡，军败，复巾渡河，递相仿效，因以成俗。初用全幅帛向后幞发，谓之幞头。"这是幞头最早的兴起，但它得到普通使用，则是到了后周才开始的。最初的幞头与帽子有很大的差别，它是一块方帛，四个角上各有一条带子，即所谓"幞头四脚"。裹头发时，先将方帛蒙住头发，将前面两条带子向后系在脑后，然后让其自然下垂。再将后面两条带子向前系于头顶压住帛，这样使其成曲折状，故称为"折上巾"。如有劳作之事，则将后面两条带子向下系于颌下，使幞头不致掉下。

到了宋朝，幞头的后面开始出现两个垂脚，并在幞头内用桐木作骨子，将幞头撑起。这就使幞头脱离了头巾，而成为帽子的一种了。这样，原来用于系幞头的四条带子也失去了作用，成了垂在两边的装饰了。而新增加的两个垂脚也发生了许多变化：有的成为弓脚，有的成为卷脚，有的则稍曲向上……根据垂脚的不同形状，故有展脚幞头、交脚幞头等不同的幞头名称。

在古代，官宦之家戴冠着帽，是为了显示等级和尊严；富贵人家著帽裹巾，是为了炫耀富有和潇洒；而平民百姓披巾戴帽，则完全是为了生计和劳作。古书中曾有"首戴茅蒲"的说法，"茅蒲"就是草帽或斗笠，是作蔽日遮雨之用。南方人大多用竹篾编成，而北方人则用麦秸编织。传至今日，用竹篾编成的称为斗笠，用麦秸编成的称为草帽。

第八章 古代城市生活趣话

晋代以后的妇女亦有戴冠着帽的习俗，如贵妇人的头上除了佩有各种金钗银插之外，还戴有凤冠。凤形头冠在秦朝以前，是相当普遍的妇女装饰品，那些家境稍富的人家，妇女头上常戴有这样的饰物。只是到了西汉，随着儒学成为显学以后，礼仪之制得到全面推广，凤形饰物尤如龙形代表天子一样，成为皇家女性的专利品，是皇太后、皇后、嫔妃们独占的饰物。从此，民间妇女的头饰只能以别的形状出现。隋朝以后，出现了女子戴的帏帽，这是在妇女帽子的檐外加上面纱，垂至颈部，专供女子出门时戴。到了唐朝武则天时，社会风气更加开放，妇女出门可以不戴帏帽。这是妇女冲出封建桎梏的一大进步，也是武则天解放妇女的一大功绩。

妇女除了佩戴冠帽外，还用自己得天独厚的长发来美化自己。对此，中国古代妇女是非常讲究的。汉代妇女常梳的发型有露髻、堕马髻、盘桓髻、倭堕髻。《晋书·五行志》中记载吴越（今江浙两省）一带喜好修饰容貌的妇女，常梳的一种发型，是将头发在头顶紧紧束住，用丝绸线缠成一束，让它向一边垂于耳际，然后再将它盘成环状，这样的发型当时称为"撷子"。到了南朝，妇女的发型又崇尚高髻，《宋书·五行志》中记，宋代"民间妇人结发者，三分发，抽其发直向上，谓之飞天"，并以发髻梳得越高为越时髦。

古代男子也有头上簪花的习俗，如明代人刘銮《五石瓠》中说，时人常在冠帽的右边，用碧玉特制一个小插花座，每天早上插上一朵鲜花或珠花，"是不仅戴鲜花，而亦戴珠翠也"。而明朝皇帝召见臣下时，被召见者必要在冠帽上簪花，脸上扑香粉，"以表晬穆"（《野获篇》）。

除了簪花以外，古代男子也有梳髻盘头的习惯，只是这种发髻不像妇女的那样高耸。

在头上梳髻佩钗的同时，古代妇女还非常注重面部的化妆，尽管她们

簪花仕女图

没有今日那些高档化妆品,但她们也尽力用当时力所能及的条件和审美情趣来装扮自己。

不同的时代,妇女对脸上的妆饰有不同的爱好。一般来说,妇女都喜欢在脸上施白粉,使皮肤更加白嫩细腻,即所谓"一白遮百丑"。但南北朝时的妇女的爱好却不同,当时妇女喜欢将脸涂成黄色,以此为时尚。如刘宋诗人彭汝砺在其诗中这样写:"有女夭夭称细娘,珍珠络髻面涂黄,南人见怪疑为瘴,墨吏矜夸是佛妆。"当时妇女为何崇尚黄色史书尚无明载,但由于南北朝时佛教盛行,一般妇女大多笃信佛教,从"墨吏矜夸是佛妆"来看,这种黄色面妆似与佛教有关。

当时妇女还有在脸上贴花的习俗,如脍炙人口的北朝民歌《木兰辞》中有"当窗理云鬓,对镜贴花黄"的诗句。而在《宋书》中有这样一段故事:宋武帝的女儿寿阳公主在宫中游玩,累卧花园之中,当时正值梅花盛开,几朵花瓣落在额头,挥之不去,反而更加衬托出公主娇美的面容。于是就形成了当时妇女中流行的"梅花妆"。此外,妇女还喜欢在眉心点黛,如庚信在《舞媚娘》中有这样两句诗:"眉心浓黛直点,额角轻黄细安。"

这种脸上贴花习俗的由来,还有一种说法,那是因为古代富贵人家的妻女,大多都是蛮悍刁妒者,对侍候她们的婢妾、丫环,稍不如意就拳脚相加,更有甚者则用香头、银钗烧红后,锥刺她们的脸。这些脸上被刺留下疤痕的婢妾、丫环,为遮掩疤痕,就用花瓣或用彩纸剪成花瓣状,贴在疤痕处,这样一来,本意为遮丑,结果反更增添了姿色,而为其他妇人仿效。

除了粉面、涂黄、贴花之外,当时妇人还好点青,即在脸上用丹青画上一点。如果点的恰当,能使妇人更增娇美之状。《酉阳杂俎·黥》中记载:孙权的儿子孙和,曾因酒醉而误伤了爱妾邓夫人的脸,急忙命太医配药医治,而且下令不许留下疤痕。可是太医在和药时把琥珀粉配得太多了,痊愈之后脸颊上留下了一个如同小痣般的疤痕。孙和一听刚要发怒,但走到邓夫人跟前一看,气全消了。原来脸颊多了一个小痣的邓夫人,反而显得更加妍艳娇美了。于是其他嬖妾都争相仿效,以丹青点颊求得孙和的欢心。由此,丹青点颊遂成风气。

人类除了穿衣戴帽,还有一件不可缺少的事,就是穿鞋。鞋子,在中国的历史上由来已久。仅鞋的各种叫法就有上百种之多。如裹脚皮、足衣、舄、芒、屏、屐、履、屣、菲、靸、䩺、衿、鞋、靴、唐吐马、艾特克、玉代克、奇卡米等。而每一种叫法中又有许多分类，如舄，它是一种绸缎

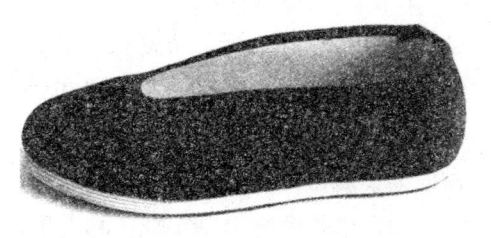

中国的传统鞋子——布鞋

作鞋面的复底鞋。为了防潮，鞋底下有一层薄薄的木底，用来隔潮。崔豹在《古今注》说："舄，以木置履下，干腊不畏泥湿也。"而这种绸缎制成的舄，按其用料、式样的不同，又可分为赤舄、黑舄、革舄、云舄等。而汉代人平常穿的履，即便鞋，它分有素履、葛履、命履、功履、散履等。

从古代这么多的鞋子名称中，足可看出中国鞋子的发展进程，而这个进程又同样与城市生活的发展，有着密切的联系。

在城市兴起之前，中国的绝大多数地区都处于农业社区之中，尽管当时已有了农业和手工业的分工，但无论是劳动者还是管理者，都还居住在贫困的乡村之中，人们的双脚还离不开泥泞的土地。因此，在这个时期，人们的鞋子必定是十分粗糙、厚实和原始的。当时最普遍的鞋子是草履、芒鞡（草鞋的一种）、革屦（用皮制成的鞋子）之类。这正反映了古人适应自然、求得生存的那种因地制宜的本能。为适应寒冷的北方，人们用兽皮裹住双脚；而南方气候虽然温暖，但人们为了保护双脚，就地取材，用到处可见的蒲草、葛、麻来编成鞋子，这就是人类鞋子最早的起源。这样的鞋子，也符合当时的生活条件和生活水平。

由于社会生产力的低下和手工业的不发达，因而在这个时期，虽然人有贵贱贫富之分，但对于鞋子来说，却没有等级之别。大家都穿相同的鞋子，如《孟子·尽心上》中说："舜视弃天下，犹弃敝蹝也。"《庄子·天下篇》写墨子之徒时说："以跂蹻为服。"

然而随着手工业生产的发展，特别是城市和城市生活的兴起，人们在讲究服饰的同时，也必定会改进自己的鞋子。尤其是随着城市上层社会的发展，在统治阶级、贵族豪绅日益脱离生产劳动的同时，他们的双脚也与乡村泥泞的土地脱离了关系。尊贵的人们进出骑马坐车，连走路的机会都很少。此时

如脚上还是穿着草履、芒鞯或革屦，与他们绫罗绸缎的衣服不般配。日益发展的手工业，为他们提供了这种可能。各种各样的鞋子，也就随着城市手工业的发展应运而生了。从妇孺皆知的古代"郑人买履"这则故事可知，在战国时期，城市中的富人已可以在市场上购买自己需要的鞋子了。

中国的传统鞋子是布鞋，有人称其为"中国鞋饰的灵魂"，似不为过。但名副其实的布鞋是从宋元以后，即棉花普遍种植、棉布成为平民百姓的基本衣料以后才开始的。在此之前的布鞋，实际是用葛或麻制成的。《诗经·葛屦》有"纠纠葛屦，可以履霜"的诗句，可见春秋时期用葛来制鞋已相当普遍。

布鞋的最大特点，就是它的鞋底是纳底，这是中国鞋业史上的第三个成就。这种纳底布鞋一直流传至今，而究其源头，则可追溯到周代。从侯马出土的周代武士跪像中，可看到武士穿的鞋子，其鞋底有明显而规则的纳底线纹。

随着城市生活的不断发展，人们的生活水平、生活质量都不断得到提高。鞋子也如同衣服一样，从保护脚的"足衣"功能中异化出来，而成为一种适应城市生活、成为与相应服装配套的服饰系列中的一个组成部分。由此，鞋的种类、式样不断增加，制鞋的面料、工艺也不断发展。如秦汉之时有用丝绸制鞋，汉代"庶人粗扉草履，今富者韦沓丝履"（《盐铁论》）。这种鞋子，鞋面是用丝缕编织而成，鞋底用麻线纳底，鞋内还有衬里。到南北朝时，锦缎面的鞋上又有刺绣花纹，更增加了鞋的美观。如陆机《织女怨》诗中有"足蹑刺绣之履"之句。到唐朝，杜甫在诗句中说："西得诸侯棹锦水，欲向何门跋珠履。"用珍珠来装饰鞋子，更见当时鞋饰之奢华。新疆阿斯塔那出土了公元778年的锦鞋，其制鞋材料和工艺都为古代所罕见。这双鞋子的鞋面是由黄、蓝、绿、草青四色丝线，织成变体宝相花平纹经锦制成的。而鞋里衬布是用蓝、绿、浅红、白、褐、蛋青六种颜色丝线，织成彩条花鸟流云平纹经锦制成。织锦上图案栩栩如生，色彩搭配华丽得体。鞋内还有一双黄色回纹绸鞋垫。这双鞋子是中国古代服饰文化中的一件瑰宝。江西南城县明朝藩王益宣王朱翊鈏与其李、孙二妃合葬的墓中，出土了一双黄锦鞋和黄锦靴，其锦缎织地之精细、工艺之考究，足见当时皇族成员衣着的尊贵和奢侈。刺绣工艺，到了清朝已是非常发达，这个特点也同样反映在制鞋工艺上。清朝的贵妇、太太小姐们的绣花鞋更是美不胜收，这在今日故宫博物院中可以大饱眼福。

从元代开始，中国妇女有裹足的习俗，到了明清之时就更加风行。这里姑且不谈裹足对妇女的摧残。但与之相应的"三寸金莲"——小鞋，则又是中国鞋文化中的一项重要内容。由于裹足正是为了满足男子畸形的心理需要，因此穿在小脚外面的小鞋，就更要求其具有精美的造型和色彩，以此来博取男子的欢心。

如果你走进安徽省中国古鞋博物馆，呈现在你面前的林林总总的各式鞋子后面，反映出来的既是一部中华民族灿烂的文化发展史，也是一部形象的城市生活发展史，更是一部手工业技术的发展史。从鞋帮和鞋底的分离中，反映的是乡村与城市的分离；周代的纳底鞋，反映的是当时铁器冶炼技术的进步；汉代丝履，勾勒了中国丝织业繁荣的轨迹；宋元以后布鞋的普及，反映了棉花种植和棉织业的兴盛；而那草原上的皮靴和江南丝靴的融合，又明明白白地表现了中华民族各兄弟民族间的水乳之情。

古代城市的饮食文化

"民食"，从来是历代统治阶级最为关心的问题，无论是仁慈贤惠的明君，还是凶残无道的暴君，他都得重视这个问题，因为这是关系到政权稳定、江山存续的大事。因此，中国古代最早的历史文献《尚书》中的《洪范八政》，就把"民食"放在八政之首，足见历代统治者对此的重视。所谓"民以食为天"，就是从这个意义出发的。统治阶级所重视的"民食"，充其量只是到不影响其政权稳固的程度为止，即不至为了"民食"而引起百姓造反。百姓的"温饱"，在当时实际上只是糊口而已。至于它的内容、质量，统治阶级是不会去费心的，否则怎么会一面有"民以食为天"的箴言，一面又有"朱门酒肉臭，路有冻死骨"的警句呢？西汉文帝六年（174年）三月，为表示对老年人的关心，曾下诏："年八十以上，赐米人月一石，肉二十斤，酒五斗，……"。

因此，从社会学的角度来看历代的"民食"，作为政府只是通过行政手段使百姓趋于温饱而不致激变。从而会有历代的限田制、均田制，以及更名田等土地制度或政策，其目的也只是为了稳定社会，使政权得到延续。这固然是政治原因，但也不能忽视其经济原因，因为当时的社会生产力决定了社会经济还不能满足人们的需要，大多数人只能停留在勉强糊口的水平。正因为如此，隋唐以前的政府对百姓过度的"民食"是横加干涉的。如历代政府都有禁酒的命令。如文颖在《汉书·文帝纪》中注曰："汉律，三人以上无故群饮酒，罚金四两。"这对一般百姓足以起到威慑作用。

到了北魏，文成帝曾下令：民间私自"酿黏饭（即酿酒）皆斩之"。而南朝的宋文帝在元嘉十二年（公元435年）六月，因长江下游一带闹水灾，"是月，断酒"（《宋书·文帝本纪》）。隋朝文帝曾下诏："罢酒坊，与百姓共之。"五代时的后汉，凡私自造酒者，即处以弃市（即杀头后，扔在市场中心以警告他人），后周更严，私自造酒5斤者，即处以死刑。这里特别要提到的是，三国时的曹操，他对饮酒是情有独钟，留有"何以解忧，惟有杜康"的千古名句，但为禁酒，他也只得忍痛割爱。古代统治者禁酒，虽有多种原因，但经济不发达，粮食紧缺，当为首要原因。在温饱难以维持，军粮无法供应的情况下，政府当然不会允许民间为牟取暴利而将有限的粮食用于制酒。然而民间也不能终日粗茶淡饭，因此，政府有时也开恩，准许百姓"改善生活"，如西汉文帝时就曾下令让全国百姓"酺五日"，即在这5日之内，喝酒、吃肉、宴请都不算犯法，这也就是皇上对臣民的"恩典"了。至于"民食"内容的增加和质量的提高，则完全是一个社会问题，尤其是随着城市的兴起，以及城市生活的发展，反映在"民食"上，就更加显著。"民食"的形式、内容、质量都有了极大的变化，从而形成了中国特有的"饮食文化"。从以往只讲糊口的"民食"，到追求形式、内容、质量的"饮食文化"，这个过程充分显示了日益发展的城市生活，为其提供了变化和发展的动因和机制。

只有在城市功能齐全的情况下，才会使诸如饮食行业这种今天称为第三产业的行业兴盛起来。无论古今还是中外，在城市繁华的商业活动中，饮食行业总是占有相当大的比重。尤其是在古代，城市生活水平和质量的提高，很重要的方面就是体现在饮食行业的发达上，此外就是勾栏、瓦肆等娱乐行业的兴盛，再就是青楼卖笑行业的并存。所谓"食、色，性也"，在封建城市生活的繁荣中得到充分的体现。

宋代的"城市革命"后，尽管当时中国社会仍处于封建社会时期，然而它的城市，已开始出现了向近代城市迈进的趋势。尤其是商业活动中饮食行业的发展。对此，古人给我们留下了大量的珍贵史料。

北宋都城汴京（今河南开封城）里的酒楼、饭馆，规模已相当宏伟。据《东京梦华录》载："街市酒店，彩楼相对，绣旆相招。"酒店有正店、脚店之分。正店是指有较大规模的高级酒楼。比较有名的有白矾楼，欣天楼，清风楼，长庆楼，八仙楼等72家。正店"屋宇雄壮，门面开阔"，酒店大门都用彩色绸缎装饰成彩门，屋檐下挂着各式灯笼。排场大的酒楼，门口还竖有旗杆。上面彩旗招展，大书该酒楼的名号，远远望去，好不气派。走进大门，有着几百步长的走廊，走廊两边是天井，天井两旁则是一间间厅堂，当时称为"小阁子"。每间小阁子内放有几张精致的红木桌椅，四周还有靠墙放着的太师椅、茶几，这是专为贵客饭前休息准备的。讲究点的店家，还在墙角花座上放上几盆别致的盆花，墙上挂上几幅字画，则更添几分儒雅之气。一到晚上，从门口的绸缎彩门上，屋檐下挂着的大小灯笼，到走廊、小阁子的各式彩灯，都大放光明，真可谓华灯齐放，望之宛若仙境。当然，这种酒楼，都是东京城里档次最高的酒家，如东角楼街的潘楼酒家、潘楼东街的任店酒楼。特别是马行街东的丰乐酒楼更是气派，它由5幢3层的楼房组成，每幢楼之间都有飞桥、栏槛，明暗相通，楼面上珠帘绣额，灯烛晃耀，独成一景，其气派非同一般。与这些高档酒店相比，更为贴近平民百姓的酒店则有宋门外仁和酒店、姜店，州西宜城楼酒店、班楼酒店、金梁桥下刘楼酒店，州北八仙楼酒店，景灵宫东墙长庆楼酒店。据《东京梦华录》记载，类似

酿酒作坊

这样的酒店，"在京正店七十二"，而那些门面较小的一般酒店，则"不能遍数"。从这里可以看出，当时东京城里，酒楼生意是多么兴旺。

这些酒楼，大都是以出色的好酒和各式美味佳肴、山珍海味来吸引顾客的。这里略为摘录一些当时的菜肴名称：百味羹、头羹、新法鹌子羹、二色腰子、虾蕈、鸡蕈、两熟紫苏鱼、白鱼肉、夹面子茸割肉、乳炊羊肫、鹅鸭排蒸荔枝腰子、莲花鸭、签盘兔、葱泼兔、炒蛤蜊、炒蟹等。到南宋时，由于都城迁到临安（今浙江杭州），菜肴中更增加了南方风味，如海鲜头羹、松花腰子、江鱼玉叶、锦鸡签、青虾、白蟹、白燠肉、八糙鸡、糟鲍鱼、鲟鱼等。这些菜肴，除了具有好听的名字以外，它的味道也都十分鲜美，这除了与厨师高超手艺有关外，还因为当时皇帝吃惯了御膳房的菜肴，反而偏爱民间的菜肴，常常心血来潮，一道命令下来，即刻要某店送某菜进宫，如果平时不注意菜肴的质量，到时措手不及，不但厨师遭殃，连店主也可能贴上身家性命。"所以不敢苟简，食味亦不敢草率也"（《梦粱录·民俗》）。

宋代的酒楼中，有不少是官营的酒楼。在东京城里，有官营的东、南、西、北四大酒库，各衙门管辖之下都设有酒库，如安抚司、点检所等机构下都有酒库。像东京城里的御酒库、藩封酒库、西楼酒库、金叉酒库、左藏酒库、度牒库、天宗栈库等，都是各大衙门所属的酒库。这些酒库属下又开设了各种酒楼，如东酒库开设了大和酒楼、南酒库开设了和乐酒楼、北酒库开设了春风酒楼、西酒库开设了玫瑰酒楼等。这些酒楼无论在规模、设备、营业等各方面，都不比民间私人开办的酒楼逊色。而且各官库酒楼中，同样也有歌女艺妓来伴酒拉客。北宋政府衙门所属的酒库、酒楼，大概可以算是政府搞第三产业的先声了。

除了这些酒楼，京城还有各类饭店（当时称"食店"）。这些食店中，有的比那些酒楼还要讲究，店门口的彩牌，不

古代的米市

是用绸缎扎的，而是用木刻成各种花样，镶在木刻的彩门上，当时称为"山棚"。从山棚往里，挂着一排排整片的猪肉、羊肉或各种时鲜野味，以显示本店货源充足、新鲜。走进门里，则是用红绿彩绸扎的"欢门"，即二道门。走进"欢门"，则是厅院，东西各有廊庑，往里就是一间间厅堂，里面的布置丝毫不逊于酒楼的陈设。一到晚上，如同酒楼一样，灯火通明。

客人来到后，由跑堂的安排好座位，则递上菜单（当时称为"卖执箸"），问客点何菜。当时杭州城里能上这些食店来就餐的，都是些有身份，或家景富裕的公子哥儿、老爷太太。因此他们点起菜来也是"百端呼索取覆，或热、或冷、或温、或绝冷，精浇熬烧，呼客随意索唤"，百般挑剔，极难伺候。但那些厅堂上的跑堂，也决不含糊。一个跑堂要招呼两三张桌子的客人，常常是几张桌子点的菜各不相同，没有重复的，这些跑堂丝毫不会弄错。客人点完菜后，跑堂把各桌点的菜报给厅堂门口的伙计，此人当时称为"行菜"，他们的职责是将各桌点的菜单高声报给厨局（即厨房）中的"铛头"（也称"著案"，即当今饭店厨房中专管配菜的人员）听，这报菜的声调抑扬顿挫，时快时慢，更为食店中熙熙攘攘的气氛中增添了一种特别的情趣。等到菜烧好，"行菜"将这些不同的菜肴分送到不同的桌子上。这时就更见"行菜"的功底了。只见他左手叉三碗菜。右手自臂开始至手掌，叠着 20 多盘菜，但见他行走轻盈自如，按桌一盘盘地分送，尽按客人"索唤"的菜肴，送到桌上，丝毫不差，连汤水都不洒下一滴。这些客人都是惹不起的贵客，稍有差错，或弄错所点之菜，或汤水滴洒客人身上，告到店主那里，这"行菜"即刻就要倒霉，轻则"必加叱骂"，重则"或罚工价，甚至逐之"（《梦粱录》卷一六、《东京梦华录》卷二）。

按当时的物价，在这种食店里如两人用餐，点上水果、冷菜四五盘，炒菜四五个，外加几壶好酒，"即银近百两矣"（《东京梦华录》卷四）。可见这种食店，寻常百姓是不敢问津的。因此一般百姓或过往旅客如要就餐，则到便宜的食店就食，当时有一些称为"闷饭店"的食店，其实它的性质很像今天一般的盒饭店。这种食店一般只烧几样菜，荤素搭配，价钱也不贵，花不了多少钱，亦能吃顿饱饭，但饭菜质量就谈不上精细了。因此有身份的人是不上这种食店的。

由于北宋都城地处北方，京师食店大都由北方人开张。但京师本为南来北去、东来西往的人流汇集之地，南方人在京师不习惯北方食店的口味。因此一些头脑灵活的商人就在京都开设了"南食店"，专门烹制南方口味的菜肴。到了南宋时，都城迁到了临安，那些开"南食店"的人也随同到了南方，但仍沿用"南食店"的名字。

　　据史料记载，南宋都城临安，城内外住户不下数十万户，人口大约将近110万。这在中国古代来说，可算是一个相当大的城市了。在这庞大的人口中，除了那些府邸、官舍、富家宅第每年都有供奉禄米之外，其余平民百姓每日口粮，都要靠城中米铺供应。据记载，当时杭州城，每日需要粮食一二千石。这些米都依赖当时苏州、湖州、常州、秀州、皖南、两广等地运来，大多数米商将米运到杭州城外各米市，如湖州米市桥、黑桥都是当时有些名气的米市。此外，如杭州新开门到草桥南街一带，则开有大小米市三四十家。这些米市承接各地米商运来的大米，然后再卖给城里的米铺。各米市都有专门的推销员，时称"小牙子"，他们的职责就是与城中米铺建立联系，随时掌握米铺大米的供应情况与所需品种，只要米铺稍一缺米，"小牙子"即将所需之米运来。此外，还有一些就近乡村的农人，他们小本经营，为取利润，绕过米市这一关，径自从家中将米装袋运到城中，直接向米铺推销。因此，当时大米行业的销售中，竞争是相当激烈的。然而得益的则是那些米铺主人，因为随着各米市之间，以及米市与农户之间的竞争，必然导致大米质量、销售服务质量的提高，"故铺家不劳余力而米径自到铺矣"（《梦粱录》卷一六）。

　　居民除了在上述米铺中购米外，还须在市场上购买荤菜。由于北宋的"城市革命"，取消了"集中市制"，因而大小店铺，各种货担杂卖，沿街均是。这样既繁荣了城市生活，又给平民百姓的日常生活创造了诸多便利。

　　如"坊巷桥市，皆有肉案"，这些肉案所卖之肉，大都是供应当地居民的。每案有三五人操刀，根据顾客需要，无论是阔切、片批、细抹，还是称多买少，都"从便索唤"（《东京梦华录》卷四）。这些肉案，一般到中午，所挂的猪肉或牛羊肉，全都卖完。等到午后，仍是这些操刀者，又开始经营"熬爆熟食"（即今日之熟菜），主要是上午卖剩的头、蹄、心肝、肚肺之类。

经过烹煮,成为各式熟食招待顾客,待到傍晚,这些熟食之类又都告罄。从这里一方面可见这些肉案"操刀者"的善于经营;另一方面可见杭州城内居民的繁盛,"人烟稠密,食之者众故也"(《梦粱录》卷一六)。

这些"肉案"货源的供应,来源于"肉市"。如杭州城内的"修义坊",时人即称为"肉市"。因为"巷内两街,皆是屠宰之家",每日屠宰总数不下数百头猪,皆为成片的猪肉和头、蹄分类。这些猪肉供应城内各种食店、酒楼以及"盘街卖熬肉等人"。这类肉市遍布全城,每天三更开行上市,至天晓罢市。如遇仕宦富家操办筵席,常常是几十桌、甚至几百桌,仅新鲜猪腰一次便要百十副。即便这样,也总是"顷刻并皆办集,从不劳力"(《梦粱录》卷一六)。

如要买鱼,沿街就有各式鱼摊,而且都是一色活鱼。卖主用桶装鱼,这种木桶就像今日的木盘,称为"浅沧桶",里面盛上水,放进河鱼,然后放些柳叶浮在其中,目的是增加水中氧气,不致使鱼很快死去,影响卖价。据记载,每日有数千担鱼进城,可见销路之好。尤其是北宋东京城内新郑门、西水门、万胜门一带,这样的鱼摊更多,顾客只要在那儿转一圈总能买到称心的活鱼。到了冬日,则用车从远处运来黄河中捕捞上来的鱼,当时称之为"车鱼",因为需加上运费,又在冬天供应,可谓稀罕之物,所以每斤要100文钱左右。

除此之外,供应其他副食品的还有各种市行或店铺,如当时杭州城城北鱼行,城东蟹行、姜行、菱行,南土门菜行,北土门菜行,坝子桥鲜鱼行,还有卖糖、蜜、荔枝、桂圆等物的泉福五间楼等。这些行,犹如米市、肉市一样,大都是供应各店铺和酒楼、食店的。而平民百姓购物,则主要靠"宅舍宫院前"的货担、摊铺供应的。这些货担、摊主的货物,大都直接从乡间购来,有的本身就是农户,所卖之物均为己产,因此这些货物相对行、市、店铺要便宜得多,而且又方便,出门就可买到。

北宋以后,城市的社会诸功能逐渐完备,社会各行业的分工日趋精细,尤其是适应城市平民生活的社会服务功能更是繁荣,无论是城市上层社会,还是下层平民,再也不是以一家一户的单个形式存在于城市中,而是相互之间、个体与城市社会之间形成了紧密的联系,依赖程度也越来越深。

如果城市仍然只具有单一的封建堡垒作用,无论如何也不会有城市经济的繁荣和生活质量的提高。西汉时,宰相公孙弘虽然官居一人之下,万人之上,但他家里有客时,仍然拿"脱粟饭"来招待客人。《索隐》注曰:"脱粟,才脱谷而已,言不精凿也。"(《西京杂记》卷二)这"脱粟饭"估计就是用只脱去谷糠,而不去麸皮的糙米煮的饭,这样的饭是很难吃的。我们将此与宋代米铺中陈列的大米品种相比,则明显反映出随着城市经济、城市生活的发展,整个社会生活水平在不断上升,生活质量也显著提高了。《梦粱录》卷一四中记载宋代城中米铺陈列着各种大米:早米、晚米、新破砻、冬舂、上色白米、中色白米、红莲子、黄芒、上杆、粳米、糯米、箭子米、黄籼米、蒸米、红米、黄米等10多个品种。这些米铺的供应对象都是城中的普通百姓,表明北宋城市居民生活水平已远非汉代可比。

城里人的主食除了大米饭,还有面食制品,在北宋东京城里,如"(尚书)省西门谓之西车子曲、史家瓠羹、万家馒头、在京第一"(《东京梦华录》卷三)。至于面食制品的称呼,历来有许多说法,宋代人黄朝英在其《靖康湘素杂记·汤饼》中对此有专门论述。古代对米、面的称呼是非常确切的,用来煮米饭的称为"米",用来制成面制品的称为"面"。而今天这些概念就有些模糊混乱了,古时的"面",今日称为"面粉",如光一个"面"字则成了"面条"。而在古代是没有"面条"这个说法的,当时称"面条"为"汤饼"。如黄朝英认为"煮面谓之汤饼,其来旧矣"。在《世说新语》中,有这样的记载,何平叔面容皎白,魏文帝怀疑他是涂的白粉,于是"夏月令食汤饼",吃得他大汗淋漓,又叫他用手巾擦脸上的汗,结果脸上仍然皎白如初,魏文帝这才相信他不是涂的白粉。《懒真子录》中说:"世之所谓长命面,即汤饼也。"因此黄朝英认为:古代凡以面制成的食物,均谓之"饼",故"火烧而食者,呼为烧饼;水沦而食者,呼为汤饼;笼蒸而食者,呼为蒸饼,而馒头谓之笼饼,宜矣"。这是古人对面食制品的不同称呼。对此江少虞认为:"饮食四方异宜,而名号亦随时俗言语不同,……汤饼,唐人谓之不托,今俗谓之馎饦矣。"(《宋朝事实类苑·风俗杂志》)

而北宋时的烧饼,则是放在炉中烘烤,或在锅中用油煎的。如北宋京城中得胜桥郑家油饼店,就有20余炉。其他油饼店有50余炉的,可见这些油饼店规模之大。此外还有蒸饼店、糖饼店，顾客来买，可装盒带回，也可放入盘内堂吃。

随着生活水平的提高，饮食习惯、品种都会发生变化。在南宋时期，一种叫"鲊"的食品，在市面上非常流行，宋代人范成大在《桂海虞衡志·志西》中说到鲊的做法是：将鱼或肉用盐腌浸，然后盛于瓮中，瓮口必须密封，使其密不透气。腌上数年，被腌的鱼或肉上都生出白花，看似变质损坏，其实这时正是味道最好的时候，当时人都用它来馈赠亲友，是一种上好的礼品。从这段记载中所见，这鱼鲊或肉鲊，实际与今日的腌制品、糟制品差不多。当时比较有名的有：鹅鲊、大鱼鲊、鳇鲊、寸金鲊、筋子鲊、鲟鱼鲊、银鱼鲊、饭鲊、蟹鲊等。

古代的人们为了充实物质生活的内容，提高物质生活的质量，在当时的基础上也不断创新。

酷暑盛夏，气候炎热，古人虽然无法享受到今日的各式冷饮，但他们也用自己的智慧，充实自己的生活，消暑降温。如北宋都城东京，一到夏天，大街上的茶馆、凉棚中就有出售诸如冰雪冷元子、水晶皂儿、绿豆汤、甘草冰雪水、酸梅汤等消暑食品。我们已无法尝到这些夏季食品和饮料，但就从这些食品、饮料的名称上，可以看出古人对防暑降温食品的创造力。到了清朝，人们更是利用自然条件，将冬天的冰块藏在深窖之中，放到夏天用。当然，这些冰块从冬天放到夏天，必然要损耗许多，故在炎炎烈日之下，能吃到用冰块制成的清凉饮料，是比较奢侈的享受。

饮茶是中国人的习惯，很长时间内，茶是中国人几乎唯一的饮料。关于茶何时在中国兴起，说法不一，我们要讲的是饮茶风气在城市生活中的表现。

随着城市生活的发展，饮

饮茶

茶风气在城市居民的生活习俗中的比重，也越来越重要，到了唐朝，饮茶更成了城市居民重要的生活习惯。我国著名的"茶圣"陆羽是唐朝人，他不仅撰写了我国最早有关茶的著作《茶经》，他本人也是一个饮茶爱好者。宋时饮茶风行，城市中茶楼、茶坊林立，更有小贩沿街叫卖茶水。饮茶在一般人的生活中甚至和米盐一样重要，甚至形成"客至则啜茶，客去则啜汤"的习俗。宋徽宗曾写了一本《大观茶经》，详细介绍了制茶工艺。在古代社会中，一个君主对一项专业生产能有如此细致的研究，姑不论其研究是否精到，但也足见时人们对饮茶习俗的重视了。

城市里开设了许多大大小小的茶肆、茶店。为了招徕顾客，在这些茶坊中还供应上等茶叶，如"小团茶"，这是北宋庆历年间，福建以当地最好的茶叶，压制成小圆饼状，一斤茶叶可制成20个小饼，故称为小团茶。时人称为"上品龙茶"，每年选为贡品供应皇帝享用。其他则有称著于当时的日注茶、白芽茶、龙凤茶、石乳茶等。有的茶坊还把厅堂布置得儒雅端庄，在四周墙上挂有名人书画，茶客一边品茗，一边欣赏字画，案几上放着时令鲜花或精致盆景，令茶室多了儒雅之气。还有些茶坊，在顾客喝茶的厅堂边上，另辟一小屋，请上几位丝竹乐人，吹奏各种令曲，为茶客助兴。紫檀案几，幽香阵阵；绿茗碧透，清香纯纯；墨宝悬壁，流彩纷纷；丝竹小唱，婉约声声。这样幽雅美好的去处，使人心驰神往。更有些茶坊，为招徕茶客，别出心裁，将茶坊布置得如同神仙洞府，设有仙洞、仙桥、流水潺潺，引得"仕女往往夜游，吃茶于彼"（《东京梦华录》卷二）。

能有这样排场的茶坊，只是京城中为数不多的几家。能上这样的茶坊来消遣的茶客，也只能是那些有身份地位的人。

在城市中，茶馆、茶肆、茶店供人喝茶只是一个方面，它同时还具有传播信息、娱乐、赌博、狎妓等多种作用。特别是在一些中小城市，或是作为城市与乡村交汇点的市镇中，茶馆里各种人物应有尽有。正因为喝茶和茶馆具有如此功能，在中小城市和市镇中，茶馆的发展是其他行业所不能比拟的。特别是清代的江南地区，表现得尤为突出。如太仓的璜泾镇，"自嘉庆以来酒肆有四五十家，茶肆倍之"（道光《璜泾志》卷一）。嘉兴的新塍镇有茶馆80家，王店镇有茶馆65家，新簧镇有茶馆40家。这些市镇，本身规模并不大，但却有着数量众多的茶肆,这固然有着文化、传统、习俗等多方面的原因,但不可否认,它又与当时的经济发展有着紧密的关系。

从明代起,城市、市镇中的商品交易,尤其是大宗商品的交易,也就是今天所谓的商品批发,买卖的双方是不能直接进行交易的,必须通过中间人,即当时称为牙行的机构来居中介绍。而各牙行开价均有上下差价和浮动变化,买卖双方在牙行交涉之前,必须摸准行情,而这个行情的打听之处,就是茶馆。因此茶馆同时也就成了获取信息来源的场所和渠道。久而久之,茶馆则成了买卖双方与牙行三者进行交易的场所,同时又成为解决交易双方买卖纠纷的仲裁之地了。

古代城市的居住文化

如前文所说,在中国城市的发展历程中,它的最初形成只是地理环境、社会风俗、经济发展三者的综合体,是个自然形成的过程。随着封建专制统治的确立,逐渐在这些综合体——城市的雏形上赋予了政治色彩,使其成为体现和维护封建统治的堡垒。然而作为社会、经济发展的综合体——城市来说,尽管在它的发展过程中会受到各种外力因素的影响,但就其本身而言,必然要沿着自己固有的规律发展,只是由于各种不同外力因素的影响,最后在城市发展的道路上形成不同的特点罢了。在中国古代,最明显的就是从三国两晋南北朝开始,由于其受到来自政治、经济等多方面的影响,出现了中国所特有的北方城市偏重政治,南方城市偏重经济的不同倾向。

这是中国城市发展的特有模式,也由此决定了中国南方城市与北方城市城市生活、城市结构、城市功能各不相同的特点。如东汉国都洛阳,仅城门一项就有诸多规定,据《汉书·百官志》记载,洛阳城有12个城门,南面正门即宫门,设置一个司马管辖,司马和卫尉在汉代来说都是不小的官衔了(汉制:司马、卫尉秩千石,侯秩六百石)。《东观汉记》中记载:洛阳上东门侯郅恽,为官严谨。一日深夜,光武帝刘秀回城,随从呼叫开门,郅恽按深夜不能开城门的规定,坚决不开。刘秀随从让郅恽点灯看看,这是皇帝刘秀。但郅恽回答说:晚上点火把,容易暴露城门警卫,既不点灯,也不开门,于是刘秀只能等到第二天早上开了城门才进城。可见当时城门官权力之大。此外，全城有二十四街，每街设一亭长管辖。汉代洛阳城中，除皇宫、衙门官署以及官府管辖的市场之外，其余即为官僚居住的闾右和平民居住的闾左（居民区），这些居住区域亦由围墙包围着。到北魏时，这些居民区开始称为坊，大坊中有四五百户人家，小坊也有六七十家。一旦城中有事，负责各坊警卫的官兵立即关闭各坊大门，挨家挨户进行搜查。在这些维护封建统治的堡垒中，城里居民饮食起居都受到极大的限制，根本没有自由可言。

但在南方以经济发展为基础的城市中，情况就不一样了。如江南杭州城地处西子湖畔，风景秀丽，历来有鱼米之乡之称。城市建设发展迅速，店铺、酒楼、饭店、瓦肆遍布全城。尽管靖康国难之后，南宋政权将杭州城按国都的体制重新改建，然而这些政治干预和规定，已无法与因城市经济日益发达而形成的城市社会习俗、风土民情所匹敌了。如在居民区，南宋政权也设置了"禁城九厢"，每厢由一员小官吏管理，但这小官吏的权力已远不如汉代各街亭长的权力大了。"其职至微"，只能"警其夜分不测耳"（《梦粱录》卷七）。

此外，在居民居住的区域，作为封建社会初期的政治型城市中，居民都是以其身份、职业而划定居住区域，平民与官僚、富豪是不能混居的。有钱有势者的居住区称为闾右，平民百姓的居住区称闾左。这种情况，沿续至清朝。清人震钧的《天咫偶闻·琐记》中说："京师有谚云：东富西贵，盖贵人（贵族）多住西城，而仓库皆在东城（即富商）。"而其余地方则为平民百姓的居住区。北魏时，国都洛阳城中，御道附近有四夷馆：金陵馆、燕然馆、扶桑馆、崦嵫馆，与之相对又有归正里、归德里、慕化里、慕义里四里。顾炎武称："吴人（即南方人）投国（指北魏）者处金陵馆，三年以后，赐宅归正里；北夷（长城以北的兄弟民族）来附者处燕然馆，三年以后，赐宅归德里；东夷（指朝鲜、日本等国）来附者处扶桑馆，三年以后赐宅慕化里；西夷（指西北兄弟民族和阿拉伯、欧洲人）来附者处崦嵫馆，三年以后，赐宅慕义里。"（《历代宅京记·洛阳中》）除此之外，城中一般平民，也按其职业不同，分居不同的居住区。如"市东有通商、达货二里，里内之人皆工巧屠贩为生"，"市南有调音、乐律二里，里内之人，丝竹讴歌，天下妙伎出焉","市西有退酤、治觞二里,里内之人多酝酒为业","市北有慈孝、奉终二里,里内之人以卖棺椁为业","别有准财、金肆二里,富人在焉",此外还有"寿丘里,皇宗所居也,民间号为王子坊"(《历代宅京记·洛阳中》)。

随着城市经济的发展,特别是自北宋"城市革命"以后,坊巷制度崩溃,居民凭着市口的好坏,环境的幽雅,可随意选择,其决定权,全在居住者本人,而没有外来行政干涉了。如当时城中"其后街或闲空处团转盖屋,向背居住聚居,谓之'院子',皆小民居止"(《东京梦华录》卷三)。这些房子的盖法,也很简单,只要"于椽上铺席一层,再加苇笆,方抹滑秸泥二层,干始塞瓦,可支数年不漏"(《乡吾解颐·笆工》)。正是居住在这些"院子"中的居民,失去了等级差别,因此互相之间的关系也就更为融洽,"若见外方人为人所欺,众必为之救解。或有新搬来居止之人,则邻人争借动事,遗献汤茶,指引买卖之类,则见睦邻之义"(《梦粱录》卷一八)。

在城中较有身份地位的人家,住宅就不会这么简单了。如清代北京内城的住宅,都"院落宽阔,屋宇高宏,巍峨华焕"。一般都有二至三道门。每两道门之间有听事房,进了第三道门,"上房之巨者,至如殿宇",上房东西两边各有套房,左右又有东西厢房,每边厢房各有三间。这些豪华住宅,"多明代勋亲之旧",到了清朝,"又互相仿效,所以屋宇日华"(《天咫偶闻·琐记》)。

古人的生活习惯与今日有许多不同。如今日所说的"坐",在古代是没有的。这是因为在南北朝之前,中国是没有桌椅、凳子之类家具的。当时的人们习惯跪在地上,所谓"坐",即双膝跪地,身子坐在脚上。如果引身而起,臀部离脚,称为"长跪"。一般情况下,家中来客人,大家都"席地而坐",客人面向东,主人面向西。说话时,则要长跪,挺起身子,恭恭敬敬地说话或回答问题。即使到了清朝,虽然已不再长

南方的店铺

跪，而是垂足而坐，但这个习惯仍然流传下来，"八旗礼仪，谒见尊长，命坐于榻，不敢正倨，必坐于方褥之下，亦古人隅坐之意"（福格《听雨丛谈》卷七）。

与这种生活习惯相适应，一般人家的房间里地上铺有茵席。它不仅是当时人们生活起居的必需品，而且也是礼仪的象征。茵席有编织席、纺织席两大类。编织席又分凉席与暖席两类。如用竹、藤、苇、草编织的茵席，属于凉席类；以棉、毛、兽皮做成的属于暖席类。如"绿熊席，毛长二尺余，人眠而拥毛自蔽，望之者不能见，坐则没膝其中"（《西京杂志》卷一）。纺织席主要有毡、毯、褥几种。

茵席有长短、大小不同者。使用时要根据人数多少，席位安排而定。因此有一人席、二人席、三四人席不等。

床是古代家庭重要的生活用品和家具之一。《释名·床》说：床，"人所坐卧曰床"。《说文》也说："床，身之安也。"从这些解释可知，古代的床有两个用处：既是卧具，又是坐具。而今天床只剩下一个卧具作用了。到了汉代，由床的坐具功能演变出一种专门供坐的坐具：榻。我国目前能看到最早的古代的床，是从河南信阳长台关出土的战国彩漆木床，该床长2.18米、宽1.39米、高0.19米，共有六足，床面为可拆卸的铺板，四面有围栏，前后各有一个缺口以便上下，此床造形美观，装饰华丽，工艺精湛，说明当时使用床已经相当普遍了。

汉代时期，从北方兄弟民族中传进了一种称为"胡床"的坐具，实际上这"胡床"很像今日的折椅，两腿相交，只是没有椅背。这种式样，可能与北方兄弟民族当年因游牧生活，便于携带有关。传到中原后，逐渐改变形制，到宋代时，开始有椅背，戏称为"逍遥坐"。

随着坐具的变化，人们"坐"的姿势也

古床

随之改变，从茵席到床、榻，再由床、榻到胡床，人们"坐"的姿势也由跪姿改为盘腿，再由盘腿变为垂足而坐。东晋顾恺之画的《女史箴图》中，有两妇女坐在架子床上对话的画面，其中一人就是垂足而坐。可见，到东晋时，垂足而坐已开始取代盘腿而坐或跪坐了。从图中架子床的式样可见，当时的床造型较为复杂，四周有围板，上有幔帐顶，并围以四周。床的一面围板有开口，如同可以开闭的板门。

与人们坐姿相关的就是几案和桌子。当古人还是跪坐或盘腿坐的时候，与之相应的是几案，当时的几案虽然形制各不相同，但主要特点是都为短腿，一般几案的腿只有30厘米左右。然而当人们开始垂足而坐时，在几案的基础上，出现了桌子，对桌子形成的时代，目前尚有争论，如陈增弼先生在其论文《论汉代无桌》一文中所说：桌子的出现当在隋唐之时。从敦煌473窟唐代壁画描绘的《宴享图》可见，这个长桌与今日单位食堂中的长桌已十分相似，而85窟中《屠夫图》中的切肉案桌，与今天使用的四腿方桌已相差无几了。到明清之时，随着生活水平、生活质量的提高，制作桌子的工艺也提高了。这时的桌子不仅是款式多样，而且选用木料也十分考究，从款式上看，有束腰桌、翘头案、长方桌、方桌、弯腿桌等。从选用木料来看，有紫檀木、鸡翅木、铁梨木、红木、楠木、乌木、花梨木等。这些木材，都是制作家具的上等材料，凡采用这些木料，上等材料制作的，后来都成为中国传统家具中的精品。

与桌子相配，椅、凳也逐渐发展起来，当年的"胡床"到唐宋时，已发展成为交腿的太师椅。而南北朝时，已出现了四条直腿的扶手椅，尽管它已具备了椅子的功能，但时人仍将其称为"胡床"，直到唐代时，随着椅子的增多，人们逐渐将其从"床"中分离开来，并直呼为椅子了。随着人们坐姿的改变，高脚椅子成为主要坐椅之后，人们对椅子的制作也越来越精细了。有高背椅、圈椅、扶手椅、交椅以及帝王、贵族坐的宝座、官帽椅、靠背椅等。到清朝时，椅子的制作更为精细，在椅背上、扶手上、前腿上粗则雕刻花纹，精则雕龙刻凤。如今日故宫博物馆所藏的乾隆时期制造的三把鹿角椅，更是匠心独具。设计师把巨大的鹿角，运用对称的原理，制作了专供帝王坐的鹿角椅，并在椅背上刻有乾隆御笔题词。这些椅子，无论从设计、制作，还是从欣赏、价值等角度来看，都是无与伦比的精品。

为满足不断发展的城市生活需要，室内陈设的家具也不断地推陈出新。

从春秋战国开始，室内就有屏风出现，这在战国、汉代，直至以后各朝的古墓发掘中，都有发现。在明代以前屏风大都为室内实用家具，它最早称为"邸"或"扆"，作用是为挡风和遮蔽，有时也可用其将屋子临时隔开。但到明代以后，屏风除了上述作用以外，更多的是用来作装饰品了。根据主人不同的政治、经济地位，家中的屏风也就各不相同。这些屏风，主要是出于欣赏目的，让其作为一种摆设，陈列在家中的厅堂之上，使屋子更显气派。

在落地屏风的基础上，明代又出现了一种挂屏，这种挂屏已失去了它的实用价值，完全是一种装饰品，它的设计和制作，常常用珍贵的木材，将一些历代著名书画家的墨迹描绘或雕刻在屏风上，于是，这些屏风的身价马上提高百倍。

同屏风一样，其他家具也在原有基础上，制作得更加精细，用料更加考究。如唐代的月牙机子（凳子的一种），明代的架子床，紫檀弧腿篷牙炕几、贴黄小立柜、花梨春凳、黄花梨滚凳、清代的紫檀描金椅子等。

这些精细、考究的家具，充分反映了当时城市生活的繁荣。如宋代杭州居民讲究排场，喜好美丽整洁的家具。一般人家都以其大半的资产来修建屋宇，制作家具。家境稍富的人家，大都使用描金的家具。熙宁八年（1075年），浙江大旱，米价腾飞，人多饿死，虽有精美家具既卖不出去，又不能换取食物，这些精美家具也只能用斧子劈开作为薪柴出售，对这些描金椅脚或桌腿，时人讥称其为"金漆薪"（《宋朝事实类苑·风俗杂志》），这无疑是对当时奢侈之风最好的讽刺。

这些精美的家具，一方面反映了当时城里人的奢侈生活；另一方面也反映了当时的制作工艺水平。如遗留至今的一把清朝宝座，它融屏风、宝座、书画为一体，运用雕刻、镶嵌等工艺制作而成，充分体现了当时家具制作工艺的高超技艺。

京式家具

随着家具制作工艺的发展，清朝时，家具制作业已形成了广式家具、苏式家具、京式家具三大派别。其他如宁波、福州、江西等地的制作技艺，也是相当不错的。这些派别各以其不同的风格，使中国家具登上了一个新的台阶。广式家具带有明显的西方特点，在制作上杂以雕刻、烧瓷、景泰蓝等工艺，整体制作有线条流畅和圆滑柔和之感；苏式家具是长江下游一带普遍使用的家具，尤在明代为甚。苏式家具格调朴素大方，并以其造型优美、线条流畅、用料和结构合理以及比例尺寸适度等特点，博得世人赞赏。京式家具主要是宫廷家具，风格介于广式家具和苏式家具之间，但在制法上，它基本不用包镶制法。由于它主要是为皇家提供家具，因此在造型等方面则更注重气派、古雅、端庄。如在雕刻花纹上，大都采用夔龙、夔凤、拐子纹、蟠纹、螭纹、兽面纹、蝉纹、勾卷纹等，从而更显其与一般常人使用的家具有所不同。

这些家具的制作风格，一直流传至今，对现代的家具制作具有深远的影响。

古代城市的交通与出行

随着城市经济的发展，城市建设也有了相应的发展，如当时城中主要干道，一般都有200余步，道路两边皆种有树木，这是古代由来已久的规定，如《释名》中说："古者列树以表道，道有夹沟，以近水潦。"可见当时城市基本建设中，对街道的修建、绿化和排水功能已经相当重视了。春秋时"子路治蒲，树木甚茂；子产相郑，桃李垂街"（《日知录·官树》）。相传古代道路上没有今天记里程的路碑，而是每隔一里置一堆土，以此来记里程。但久经风雨之后，土堆常要塌毁，官府为此花费不少修理费。五代后周时，韦孝宽任雍州刺史后，改变做法，在原来每个土堆的位置上种一棵槐树代之，既节省下了经常修理的人力财力，又使行人有蔽荫之处。后周文帝得知，大为褒奖，并下令"天下同之"（《后周书·韦孝宽传》），以后沿道路种树就成为制度，并列为地方官政绩之一。《册府元龟》记："唐玄宗开元二十八年（740年）正月，于西京路，及城中苑内种果树。代宗永泰二年（766年）正月，种城内六街树。"《旧唐书·吴凑传》记：当时官街（城中主要干道）上

树木残缺不齐，吴凑领人补种槐树，待槐树长大成荫，而吴凑已去世，于是"人指树而怀之"。今天坐车去新疆，沿路还能看见当年左宗棠（1812～1855年）收复新疆时所栽之树已长成参天大树了。

今天的城市街道上，常有各种标记，如单行道、快车道、慢车道、横道线等标志，这是古代所没有的。但古人也有当时的办法，在不准车辆、行人通过的地方，钉立各种朱漆杈子。如北宋都城东京城内，御道两边禁止行人通行，于是在路心钉立两行朱漆杈子，"杈子里有砖石砌御沟水两道，宣和间尽植莲荷，近岸植桃李梨杏，杂花相间，春夏之间，望之如绣"（《东京梦华录》卷二）。

城市建设规划的完善，城市经济的发展，必然会使城市人口大量增长，宋代词人柳永在其《咏钱塘》词中曾说到，杭州城"参差一万人家"，但这是柳永在元丰年以前填的词，到了南宋时，杭州城已"户口蕃息，仅百万余家者，城之南、西、北三处，各数十里，人烟生聚，市井坊陌，数日经行不尽，各可比外路一小小州郡"（《都城纪胜·坊院》）。虽然这有夸张成分，但已足见当时人口之众。所以孟元老称当时东京城，"人烟浩穰，添十数万众不加多，减之不觉少，所谓花阵酒地，香山药海，别有幽坊小巷，燕馆歌楼，举之万数，不欲繁碎"（《东京梦华录·民俗》）。

中国古代的车子，由于封建经济发展缓慢，特别是科学技术发展的缓慢，几千年来并无重大的进展，所用代步工具，除了骑马，只是牛车、马车而已。

独轮车

这些牛车、马车之类，长期来并无重大改进，随着时间的推移，它的变化只是车上的装饰品的变换，但这也要随主人的身份、经济实力而定。一般富户，家中备有牛马车，并根据各自的经济实力和政治地位，将其车装饰得富丽堂皇。

古代的载货运输车辆，宋朝时称"般载车"，车身如一大箱子，用来载货。车厢前伸出两块木板，长二三尺许，这是给赶车人坐的，旁边有两个扶手，便于驾车者"提鞭驾之"。车前用骡或驴数匹，分为两纵行，拉车行走。车上还系个铁铃，使其"行即有声，使远来者车相避"。车后又系驴、骡两头，这是车子下坡之时，将此二驴或骡以鞭驱之，使其倒缒车而令车缓行。

其次有"平头车"，这种车比前面讲的车要小，从车轮旁伸出两木作为车辕子，前面横一木，让牛驾辕，人在一边，以手牵牛鼻绳驾车。这种车子通常只用一头牛来拉即可。

此外，有妇女坐的车子，它与平头车相近，只是在其车厢上加棕作盖和垂帘。

独轮车也叫"串车"，则是更为轻巧的车子，一般不用来载重物，只是供小贩卖糕团之类食物用。

这里需要说的是中国古代所特有的代步工具：轿子。古代的轿子有两人抬、四人抬、八人抬的不等。而常见的大都为两人抬的轿子，这是富裕人家大都备有的私家轿子。而四人抬、八人抬的轿子，是官僚皇家才能享用的轿子，擅自乘坐，等于无视纲纪。

轿子起于何时，史料上没有明文记载。春秋、战国、秦汉时期的文献中，均无"轿子"的记载。明清人王士性在其《广志绎》卷四中说："秦汉之前，男子虽将相不过乘车骑马而已，无轿制也。"接着他说，魏晋时，陶渊明辞官躬耕于南亩。年老时患有足病，不便行走。于是制作了一个"篮舆"，外出时，让其门生弟子抬着。这可能是"轿子"最初的形式。而到北宋时，王安石告老还乡，其子侄看其年老体弱，行走不便，做了一个用肩抬的"肩舆"让其代步。可王安石见之怒斥曰："自古王公贵人无道者多矣，未有以人代畜者。"由此可见，至少到北宋时，以"轿子"代步还未实行。如果王安石那个时代有轿子的话，像他那样的级别，即使乘坐四人抬的轿子也不为过。而王

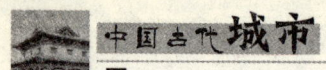

安石之所以把"以人代畜"看做比"无道者"更甚，那必定在当时还没有"以人代畜"的轿子。因此，王士性认为"人轿自宋南渡始"，即从南宋开始才有了轿子。自此之后，轿子流行于世。到清朝时，规定"诸大臣赐紫禁城内乘屑舆者，以二人屑椅……惟近支亲王得乘四人舆"（《天咫偶闻》卷一）。可见八人抬的人舆只有皇上才能坐了。

知识链接

我国古代马车的由来

安阳殷墟的考古发掘表明，中国在商代晚期已使用双轮马车。中国马车的起源一直是颇受关注却又悬而未决的问题。对此，学术界争论不休。中国学者有的持"马车中国本土独立起源说"，有的则持"外来说"，认为中国马车是来源于中西亚或欧亚草原的。我国古代的马车主要用于战斗之中。一般为独辀（辕）、两轮、方形车舆（车箱），驾四匹马或两匹马。车上有甲士三人，中间一人为驱车手，左右两人负责搏杀。其种类很多，有轻车、冲车和戊车等。战车最早在夏王启指挥的甘之战中使用。以后战争规模越来越大，战车成为战争的主力和衡量一个国家实力的标准，到春秋时出现了"千乘之国"、"万乘之国"。到了汉代，随着骑兵的兴起，战车逐渐退出了战争舞台。

第三节
休闲娱乐与节俗

古代城市的游戏与娱乐

"山民朴，市民玩"，娱乐游戏是城市生活的重要内容之一。据有关记载，古代城市中很早就有体育游戏活动。临淄城中就有"六博、蹴鞠"，六博是各种赌博，蹴鞠就是踢足球，故临淄已被列为世界足球的发源地。唐代流行马球，马球场四面围栅，插彩旗，两边有球门，多为贵族们的游戏，称为"军中戏"。唐僖宗曾自诩"若应击球进士举，须为状元"，甚至在选任西川节度使时以球技定胜负。宋代踢球甚至成为皇家的游戏项目，如《水浒传》中的高俅即因球技而发迹。体育武术方面，有各种武馆教授拳术武功，还有护送财物的镖局和各种民间组织的武术社团。

说唱即说书，是历史悠久的民间娱乐活动，汉代即有说唱俑，唐代就已经出现说三国的艺人，李商隐诗云："或笑张飞胡，或笑邓艾吃"，宋代随着里坊的瓦解和市民阶层的崛起，说唱形成"讲史"、"说经"、"银字儿"、"铁骑儿"等名目。明清时期分化成许多富有地方特色的说唱曲艺，其中最为著名的是"南弹词、北鼓书"。

我国最早的戏曲为唐代的"参军戏"，仅限于宫廷。宋代出现商业化演出的北方杂剧和南戏，元代杂剧形成了以四大家为代表的高峰，明代南戏发展成昆山、弋阳、余姚、海盐四大声腔。清代为民间化的各地方戏兴起，尤其是以皮黄为主的戏曲形成之时，自清代乾隆年间徽班进京，逐渐形成并流传最广的是京剧，中心在北京，常为宫廷演出，有培养演员的科班。而作为雅

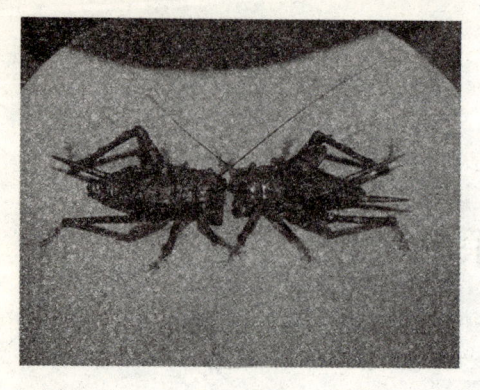

斗蟋蟀

戏的四大声腔则衰落,如昆曲在演奏时观众纷纷如厕而被讥笑为"车前子"(利尿的中药)。各地还有许多地方剧种,如秦腔、晋剧、豫剧、吕剧、越剧、川剧、粤剧、黄梅戏、汉剧、河北梆子、湖南花鼓戏等。还有许多的民间戏剧演出,如东北二人转,福建的高甲戏,流传北方的皮影戏、木偶戏等。演出场所除日常营业的戏院外,较多的是节日庙会演出,一般的庙宇如城隍庙、关帝庙均建有戏台,有的是节日临时搭建的戏台,有的村镇中也建有戏台。绍兴水乡还有水上戏台,达官贵人还在宅邸、私家园林中建有小型戏台,节庆日举办堂会演出。

杂耍类型繁多,汉代有"百戏"之称。汉唐时期由西域传入杂技,表演吞刀、吐火,还有"角抵之戏",后来流传至日本即相扑,现仍盛行于日本。还有表演摔跤、角斗、击剑、射箭等,还流行斗鸡、斗虫、斗蟋蟀等。这些演出多半在广场露天或搭建临时性的大棚,在北宋东京城内有多处瓦子、瓦肆,是大型的游艺场所,瓦肆中演出平话、杂剧、舞蹈、杂记、皮影等,表演场址围有勾栏,汴京瓦肆里有大小勾栏五十余座。有的后来发展成为庙市。

中国古代城市中很早就有妓院,各时代的形式及名称不同,也曾有官办的官妓,也有的以较公开的歌舞伎形式存在,也有不同的档次,有的集中在城市某一地区,如北宋东京的瓦子、明清北京的八大胡同等,城市中还有各种形式的赌场、烟馆等。

古代城市的婚庆与丧葬习俗

古代城市中丧葬、婚嫁也是一种重要的活动。中国的传统习俗对丧葬十分重视,要举行各种礼仪及活动,贵族、富人举行规模很大的出殡行列,前面有仪仗队,有乐队,中间有哭丧的孝子、亲属,有多人抬的棺材,后面还有女眷的轿子,丧葬的棺木与死者的身份有关,木材质量、大小、是否油漆均有区别。抬棺材的人称异夫，有 8 人、16 人、32 人等不同等级，丧品中有木制或纸制的房屋、车马、奴婢等，到下葬时均烧掉。丧葬队伍经过道路时，还规定行人、车辆要让路，还可以设祭台路祭，家属要穿素服，不能参加宴会及娱乐等，治丧日期限可多至七七四十九天。

婚嫁的仪式，各地大同小异，迎亲队伍要去女方迎亲，队伍中有乐队，沿途吹吹打打，女方要款待，女方人员要送亲，队伍中还带有陪嫁的嫁妆。新娘离家时，拜离父母要哭别，到男方家中时要选好时辰，要放鞭炮迎接，男方要给送亲人红包，要设酒席招待亲友，晚上要闹新房等，这期间还有各种风俗习惯及仪式，其含义多为喜庆、幸福、平安、多子、多福等。各少数民族的婚嫁仪式更多样化，丰富而有特色。

古代城市的节庆与庙会

城市中的节庆分为普遍性的节日和地区性的节日。

普遍性的节日据记载不下 50 个，重要的有：

春节：正月初一，亦称元旦，是最隆重的节日，一般自腊月二十四日至正月初七，有祭灶、辞岁、放爆竹、挂桃符、贴春联、宴饮、拜年、舞狮等活动。

元宵节：正月十五，亦称上元，西汉时于该日平定诸吕之乱，后定为"灯节"。持续时间为十四至十六共三日，金吾不禁，张灯庆贺，以示与民同乐。主要活动有吃元宵、观灯、射虎（猜灯谜）、探春宴游等，也为人们提供交往的机会，欧阳修有"去岁元夜日，花市灯如昼，月上柳梢头，人约黄昏后"的词句。

上巳节：三月三日，唐代以前为重要节日，主要举行驱邪祛病的拔蒿和春游，一般至水滨举行流杯曲水宴，是城市居民出游的盛大节日，"三月三日天气新，长安水边

元宵节花灯

多丽人"（杜甫诗），文人雅士亦多结社饮宴，著名的《兰亭集序》即记载上巳日结社赛诗之事。

寒食—清明：寒食在清明前两日，为纪念介之推而设，冷食两日，房檐插柳。清明祭祖、扫墓、踏春、食馓子、青团。

端午节：五月初五，纪念屈原，插艾祛邪、食粽子、饮雄黄酒、赛龙舟。

七夕节：七月七日，牛郎、织女相会之日，亦称乞巧节，女子对月穿针以乞巧，亦为男女相爱之节日，白居易有"七月七日长生殿，夜半无人私语时"之诗句。

中元节：七月十五日，佛教称为"盂兰盆节"，始于目莲救母之传说，烧纸钱做法事，超度亡魂，俗称"鬼节"。

中秋节：八月十五日，团聚、赏月、吃月饼。

重阳节：九月九日，插茱萸、饮菊花酒、登高避邪。

腊八节：腊月初八，祭祀百神，佛教视为佛诞日，祭祀祖先、天地山川诸神，跳傩舞，吃腊八粥。次日称"小岁"，敬师长酒。

除上述较重要的节日外，普遍性的节日还包括立春、中和节（二月初一、二）、花朝节（二月十五日）、立夏、浴佛节（四月初八）、冬至等。少数民族也有自己民族特有的节日，如伊斯兰教的开斋节、彝族的火把节、傣族的泼水节，以及蒙古族的那达慕大会，等等。

庙会源于祭社（社会），分别在立春和立秋后的第五个戊日举行春社和秋社，"社日，四邻并结宗会社，宰牲牢，为屋于树下，先祭神，然后享其胙"（《荆楚岁时记》）。宋梅尧臣《春社》诗云："年年迎社雨，淡淡洗林花。树下赛田鼓，坛边伺肉鸦。春醪酒共饮，野老暮相哗。燕子何时至，长皋点翅斜。"这描述了民间重要的聚会欢庆场景。

庙会与社会相比，其所祭神灵五花八门，目的和形式也更为复杂多样，是民间重要的狂欢节日。如佛教的佛诞会、观音庙会，道教的东岳庙会，其余还有城隍庙会、关帝庙会等，不一而足。庙会要进头香，举行法会，除设敲钟、许愿等宗教活动外，同时还有各种戏剧演出、游艺、杂耍、小吃等，市民在庙会时穿新衣服，也是青年男女相亲的机会。有些庙会具有典型的地方特色，如江南蚕桑区举行的清明先蚕庙会，规模可达六七万人，游人相互挤轧，称为"轧蚕花"。

知识链接

庙会上的祈子活动

庙会一开，八方来拜，敬神上香，祈愿还家。这是围绕"庙"和所祭之神而展开的活动，是传统庙会的主题。其中带有巫术意味的祈子活动，最典型地反映了中国传统文化的核心，这是由中国农业社会的性质决定的。几千年的封建社会，人们的生存环境基本上没有发生改变，子孙后代的繁衍成为千百年来的头等大事。所以，祈子这种远古的巫术形式，便会附着于各种集会形式展现出来。这方面比较典型的庙会有河南淮阳的人祖庙会、天津的妈祖（天后宫）庙会、山西平遥的双林寺庙会、北京的妙峰山和白云观走会等。

图片授权

全景网

壹图网

中华图片库

林静文化摄影部

敬　启

本书图片的编选，参阅了一些网站和公共图库。由于联系上的困难，我们与部分入选图片的作者未能取得联系，谨致深深的歉意。敬请图片原作者见到本书后，及时与我们联系，以便我们按国家有关规定支付稿酬并赠送样书。

联系邮箱：932389463@qq.com

参考书目

1. 陈亚平编著．人间城郭：中国古代的城市．山西：希望出版社．2012
2. 陈国灿著．中国古代江南城市化研究．北京：人民出版社．2010
3. 成一农著．古代城市形态研究方法新探．北京：社会科学文献出版社．2009
4. 王徽著．古代城市．北京：中国文联出版公司．2009
5. 董鉴泓主编．中国古代城市二十讲．北京：中国建筑工业出版社．2009
6. （德）申茨著，梅青译．幻方——中国古代的城市．北京：中国建筑工业出版社．2009
7. 曲英杰著．古代城市．北京：文物出版社．2003
8. 吴松弟著．中国古代都城．北京：商务印书馆．1998
9. 曹洪涛著．中国古代城市的发展．北京：中国城市出版社．1995
10. 郭永芳．中国古代城市的消防．北京：中国城市出版社．1995
11. 董鉴泓主编．中国古代城市建设．北京：中国建筑工业出版社．1988
12. 贺业钜．中国古代城市规划史论丛．北京：中国建筑工业出版社．1986
13. 郑连第著．古代城市水利．北京：水利电力出版社．1985

中国传统民俗文化丛书

一、古代人物系列（9本）
　　1. 中国古代乞丐
　　2. 中国古代道士
　　3. 中国古代名帝
　　4. 中国古代名将
　　5. 中国古代名相
　　6. 中国古代文人
　　7. 中国古代高僧
　　8. 中国古代太监
　　9. 中国古代侠士

二、古代民俗系列（8本）
　　1. 中国古代民俗
　　2. 中国古代玩具
　　3. 中国古代服饰
　　4. 中国古代丧葬
　　5. 中国古代节日
　　6. 中国古代面具
　　7. 中国古代祭祀
　　8. 中国古代剪纸

三、古代收藏系列（16本）
　　1. 中国古代金银器
　　2. 中国古代漆器
　　3. 中国古代藏书
　　4. 中国古代石雕
　　5. 中国古代雕刻
　　6. 中国古代书法
　　7. 中国古代木雕
　　8. 中国古代玉器
　　9. 中国古代青铜器
　　10. 中国古代瓷器
　　11. 中国古代钱币
　　12. 中国古代酒具
　　13. 中国古代家具
　　14. 中国古代陶器
　　15. 中国古代年画
　　16. 中国古代砖雕

四、古代建筑系列（12本）
　　1. 中国古代建筑
　　2. 中国古代城墙
　　3. 中国古代陵墓
　　4. 中国古代砖瓦
　　5. 中国古代桥梁
　　6. 中国古塔
　　7. 中国古镇
　　8. 中国古代楼阁
　　9. 中国古都
　　10. 中国古代长城
　　11. 中国古代宫殿
　　12. 中国古代寺庙

五、古代科学技术系列（14 本）
1. 中国古代科技
2. 中国古代农业
3. 中国古代水利
4. 中国古代医学
5. 中国古代版画
6. 中国古代养殖
7. 中国古代船舶
8. 中国古代兵器
9. 中国古代纺织与印染
10. 中国古代农具
11. 中国古代园艺
12. 中国古代天文历法
13. 中国古代印刷
14. 中国古代地理

六、古代政治经济制度系列（13 本）
1. 中国古代经济
2. 中国古代科举
3. 中国古代邮驿
4. 中国古代赋税
5. 中国古代关隘
6. 中国古代交通
7. 中国古代商号
8. 中国古代官制
9. 中国古代航海
10. 中国古代贸易
11. 中国古代军队
12. 中国古代法律
13. 中国古代战争

七、古代文化系列（17 本）
1. 中国古代婚姻
2. 中国古代武术
3. 中国古代城市
4. 中国古代教育
5. 中国古代家训
6. 中国古代书院
7. 中国古代典籍
8. 中国古代石窟
9. 中国古代战场
10. 中国古代礼仪
11. 中国古村落
12. 中国古代体育
13. 中国古代姓氏
14. 中国古代文房四宝
15. 中国古代饮食
16. 中国古代娱乐
17. 中国古代兵书

八、古代艺术系列（11 本）
1. 中国古代艺术
2. 中国古代戏曲
3. 中国古代绘画
4. 中国古代音乐
5. 中国古代文学
6. 中国古代乐器
7. 中国古代刺绣
8. 中国古代碑刻
9. 中国古代舞蹈
10. 中国古代篆刻
11. 中国古代杂技